理想の体を手に入れれば
どんな服も着こなせる

ボディメイク
ストレッチ

運動指導士
森拓郎
Takuro Mori

SB Creative

Prologue

まずは、筋トレ以前。

年齢を重ねるごとに体重が増えるのは少しずつなのに、
体型が大きく崩れてくるのは、
多くの女性にとって大きな悩み。
昔の軽くてしなやかな体に戻りたい――。
そんなとき、必要なのは、
いきなり筋トレやジョギングをするのではなく、
まずはもとに戻すこと、「リセット」です。

ストレッチだけで、あなたの体はリセットできる！

「ストレッチ」といって思い浮かぶのは、
限界まで伸ばすこと？　柔軟性を高めること？
いえいえ、それだけがゴールではありません。
森式のボディメイクストレッチなら、必要なところを鍛え、
筋肉が硬くなっているところを緩めて整えて「リセット」することで、
今の自分に似合う、ベストなボディラインが手に入ります。
目指すは、「インスタ映え」する体！

Mori Style Stretch

ボディメイクストレッチで
叶うのは…

- 自然と健康になれる
- しなやかな体になれる
- 服がきれいに着こなせる
- 理想的な姿勢と
  ボディラインが手に入る
- お腹がへこむ、猫背が改善する
- 脚のラインが変わる

and more…

Contents

Chapter 03

動画はこちらから!

本書で紹介されているストレッチが動画でご覧になれます！
以下のURL、もしくはQRコードからアクセスしてください。

＊やりたいストレッチがすぐ見つかる！
＊森拓郎さんの音声解説付きで、さらに深く理解できる！
＊メールアドレス登録なども不要！

https://movie.sbcr.jp/bms/

Chapter

01

ボディラインが変わる！森式ストレッチの極意

ule Stretch

体重も気になるところだけれど、
それよりもなんとかしたいのがボディライン。
決して太っているわけではないのに、着たい洋服が似合わない、
お肉の付き方が変わって体型が崩れてきた気がする……。
野暮ったいボディラインは、
あなたの姿勢が長年かけてつくり上げてきた結果。
そんな自分にがっかりする必要はありません。
どの関節が正しいポジションになくて姿勢が崩れているのか、
根本的な部分を見直せば、必ずボディラインは変えられますから。
そのためにトライしてほしいのが森式ストレッチ。
地味で「やっている感」は小さい、
でも続ければ確実に体が変わることが実感できるので、
効果を感じるたびにモチベーションが上がる、
目からウロコのストレッチです！

Mori S

10年前と体重はそんなに変わらないのに、見た目が変わったのはなぜ？

「定番のファッションアイテムは長く着られる上質なものを」と思って買ったシンプルなニットやジャケット、パンツ。どれも長年の相棒だったのに、最近それらのアイテムが似合わない、むしろ太ってさえ見える……ということはありませんか？　しかも体重は以前とはさほど変わっていないのに、気づいたらおばさん体型になっているという現実に、悲しい気持ちにさえなります。

体重が増えていないのに、なぜ見た目がこんなに違うのか。それは重力によって背骨が縮んでつぶれてしまったり、長年の歩き方や座り方のクセで関節がゆがんでしまったりして、骨格という体のラインをつくる土台そのものが変わってしまったから。

背骨が縮むと、お腹や腰まわりの脂肪がたるみます。股関節がねじれてしまうと、歩き方のクセによって筋肉や脂肪のつき方が変わり、太ももの前や外側が張ったり、内ももや裏ももがたるんだりして、体重は変わらないのに見た目が変わってしまうのです。

10年前の服が似合わなくなった理由

まずはチェック！

大人女子の体型が変わるサイン

10年前

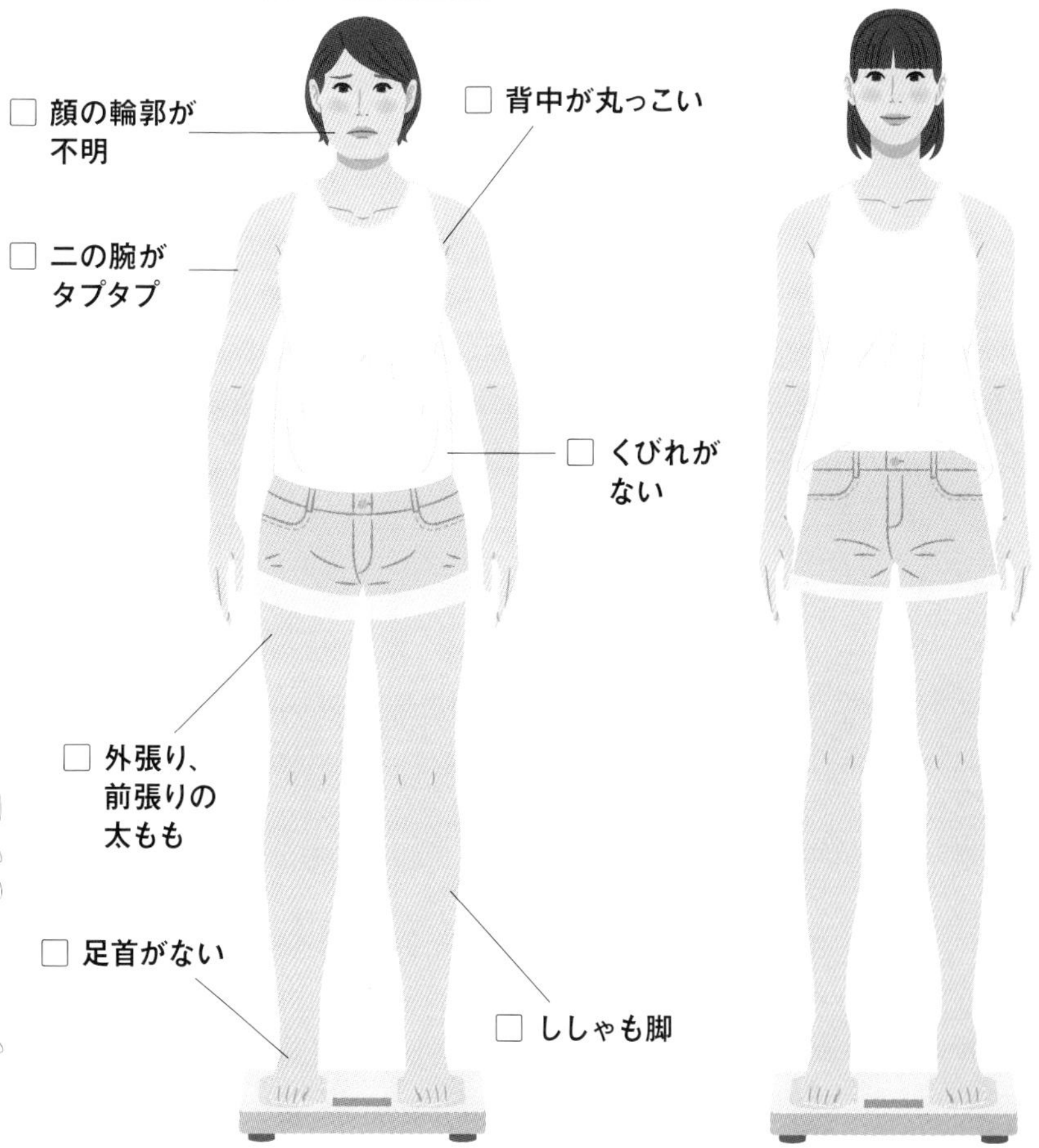
□ 顔の輪郭が不明
□ 背中が丸っこい
□ 二の腕がタプタプ
□ くびれがない
□ 外張り、前張りの太もも
□ 足首がない
□ ししゃも脚

体重はほぼ一緒！

10年前と比べて、驚くほどボディラインが崩れてしまったのはなぜ？

ボディラインを決める骨格は、重力に対して人間の体を支える、いわば家の柱のような役割を果たします。しかし姿勢が悪いことで骨格が傾いてしまうと、頑張らざるを得ない筋肉。倒れそうな骨格を支えるために、過重労働を強いられます。

例えば、猫背で姿勢が崩れると体が前かがみになります。お腹の筋肉は縮んでしまい、背中の筋肉は前へ引っ張られ、一生懸命に働いてカチカチになります。

また、上半身を支え、骨盤と太ももの骨をつなぐ股関節は、長年の立ち方のクセによって内側のねじれが強くなると、太ももの骨が外側に張り出します。すると体重は太ももの外側にかかりやすくなり、外ももの筋肉は頑張って支えなければなりません。その姿勢を繰り返していると、O脚の外張り脚になるのです。

こうした骨格のゆがみによって、望まない部位に脂肪や筋肉がついて、ボディラインが崩れます。

例えば、股関節がゆがむと下半身は……

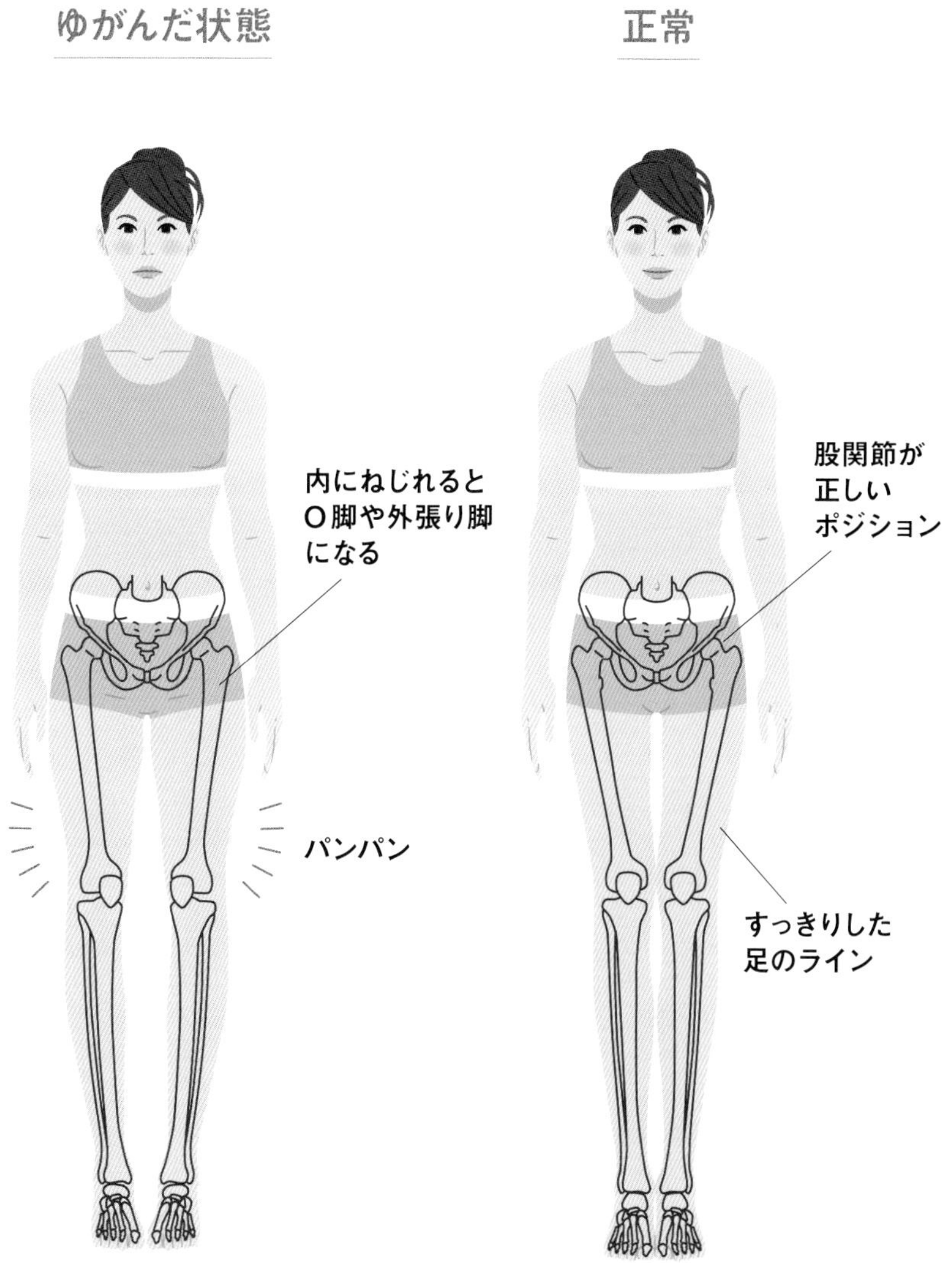
ゆがんだ状態
正常
内にねじれると
O脚や外張り脚
になる
パンパン
股関節が
正しい
ポジション
すっきりした
足のライン

ダイエットとボディメイクは違う。ぽっちゃり女子がやりがちな間違い

やせたいとダイエットに励んでいる人がやってしまいがちなのが、無理な食事制限と有酸素運動やハードな筋トレです。体重を落とすには、消費カロリーが摂取カロリーを上回るアンダーカロリーの状態をつくり出す必要があるからです。

しかし、無理な食事制限をすると、体重と同時に筋肉も減ります。活動代謝の消費カロリーは、筋肉量が左右します。筋肉が減ると、結果的に活動代謝が下がってリバウンドしやすく、やせにくい体質になったりします。

一方、「筋トレをすると、脂肪が落ちて筋肉に代わる」と勘違いしている人が多いこと！　脂肪と筋肉は組織が違うので、脂肪は筋肉には変わらないし、その逆もしかり。

また、姿勢が悪い状態で間違ったフォームでトレーニングを行うと、つけたくもない肩や腕、前ももばかりを使ってしまいます。しかも筋肉は脂肪の下につきますから、そのせいで太く見えた部分が逞しくなってしまった！　と勘違いしてしまう人も多いようです。

ぽっちゃり女子の2つの落とし穴

太ってきた、脂肪がついてきた

⇩

無理な
食事制限

⇩

体重は落ちるけど
筋肉も落ちる

⇩

代謝が
悪くなる

⇩

リバウンド
もしくは脂肪が
つきやすい
体になる

⇩

関節が
整っていないまま
ハードに筋トレ

⇩

前ももがムキムキ
逞しい肩まわり

⇩

脂肪の下に
筋肉がつく

⇩

ごつい印象の
肉太り
体型になる

ボディライン（＝見た目）を変えるには実はストレッチがいい理由

ボディラインを変えるには、土台である骨格のゆがみを矯正するのがてっとり早い方法です。そのためには、食事制限でも筋トレでもなく、ストレッチが有効なのです。伸ばして気持ちがいいのがストレッチだと思われがちですが、違います。ストレッチされる筋肉とは反対側の筋肉は、常に縮んで使っているので鍛えていることになります。また、正しい姿勢をつくるためのストレッチは、骨格を正しい位置へと導く筋トレにもなります。

骨格が整うと体のゆがみが軽減され、筋肉で体を支えるのではなく、骨で体を支えるようになるので、筋肉の仕事は最低限だけれど適切に使われるようになります。筋肉が適切に使われれば、固まった筋肉に圧迫されていた血管やリンパ管は解放され、体液の流れがよくなり、むくみづらく、代謝のよい体をつくることができます。

ストレッチはボディラインの土台である骨格の位置を正して代謝を上げてくれるので、ボディメイクには不可欠なのです。

ストレッチで体が変わるプロセス

❶
骨格が正しいポジションに整う
⇩
体を正しく使えるようになる

❷
滞っていた血流がスムーズになる
⇩
代謝が上がる

❸
むくみが改善される
⇩
細く見える

❹
脂肪が落ちやすくなる
⇩
すっきりした印象になる

森式ストレッチ 1

伸ばして気持ちいいより、縮めて鍛えるトレーニング

ストレッチと聞くと、前屈して床にべたーっと手のひらがついたり、開脚して床に胸がついたりするなど、体を柔らかくするために行うイメージが強いと思います。しかし森式ストレッチの最終目標は、骨格の位置を正して関節の使い方を変えること。

例えば、猫背の姿勢（次頁参照）だと、腹筋は縮んで肩が前に巻いてしまい、その分、背中の筋肉は引っ張られて丸くなります。この状態で体を上に伸ばしただけでも、腹筋の縮まっている部分も背中が張って凝っている部分も気持ちいいはず。しかし、それだけではすぐに元の姿勢に戻ってしまいます。マッサージと同じで、施術の直後は気持ちがいいけれど、同じ姿勢で生活をしていれば、また背中は凝ります。

森式ストレッチでは、お腹を伸ばすことはもちろん、肩関節を後ろにねじって背中の筋肉を縮めることで、前かがみの姿勢に戻りにくくします。つまり、背中の筋肉を収縮させることで、肩関節は正しいポジションに戻り、縮んだ背骨は伸びるのです。

張っているほうの筋肉を使うトレーニング

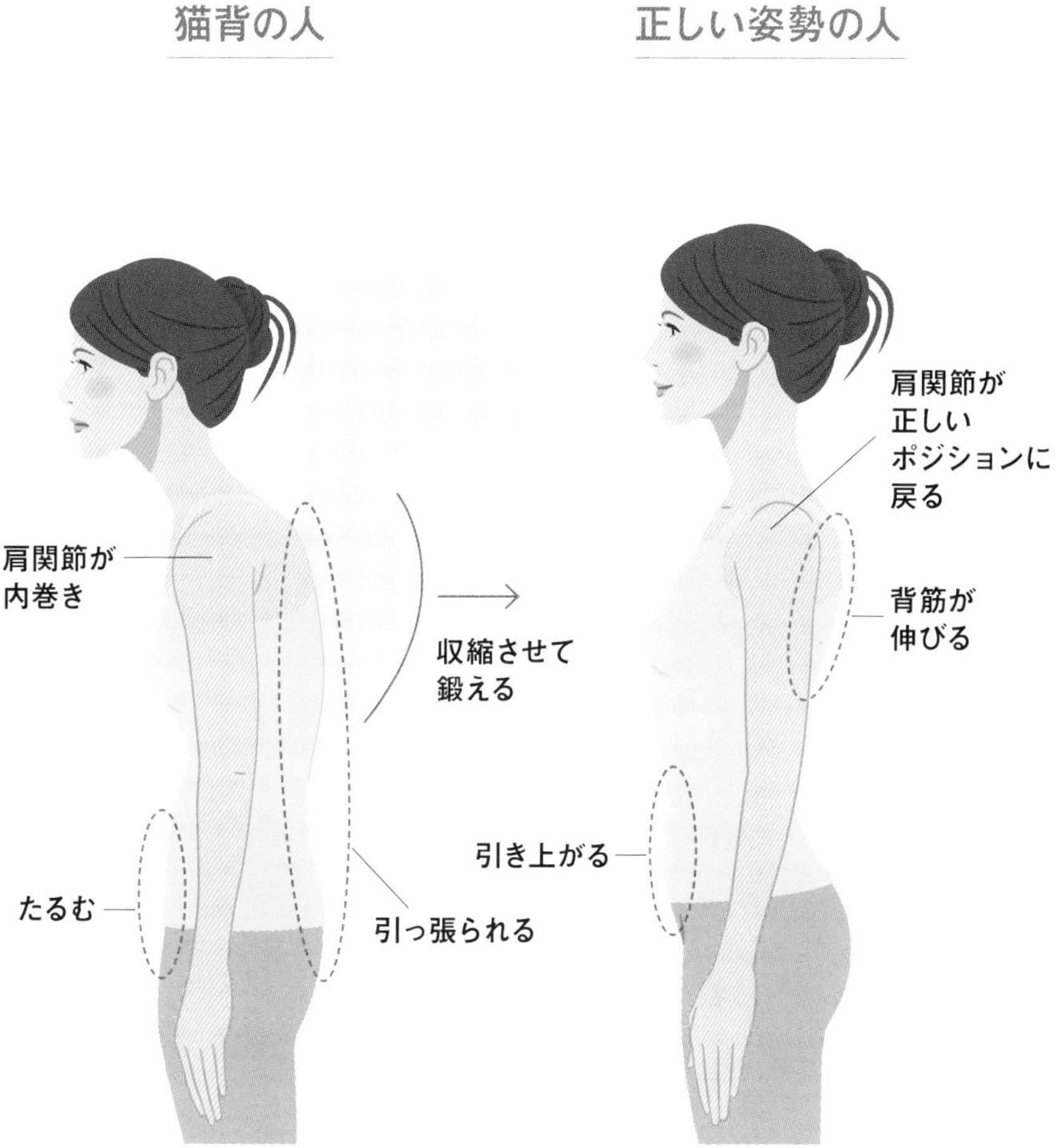
猫背の人
正しい姿勢の人
肩関節が
内巻き
たるむ
引っ張られる
収縮させて
鍛える
肩関節が
正しい
ポジションに
戻る
背筋が
伸びる
引き上がる

森式ストレッチ 2

正しいポジションが無理なくできるようになる

力を抜いて座ると、骨盤が後傾して背中が丸まった姿勢（次頁参照）になります。一見するとラクな姿勢をとっているようですが、実は頑張らされている筋肉があります。この姿勢によって肩関節が内側にねじれてしまい、連動する腰や背中、首の後ろの筋肉は引っ張られたままの状態が長時間続くと凝りや痛みになります。

一方で、お腹の筋肉は縮んでたるんでしまいます。こうした姿勢、デスクワークのときはついしてしまいますよね。しかし長期間していると、この姿勢を維持するために、人間の脳は筋肉を強くしようとするので、筋肉が硬くなり、それが抵抗になって上体を後ろにもっていきにくくなり、ますます正しい姿勢をすることが疲れてしまいます。

しかしストレッチによって肩関節を正しいポジションに戻せると、前に引っ張られて硬くなった背中の筋肉の緊張が減って、上体を起こす方向に背中の筋肉の力が働くようになり、筋肉が頑張らなくてもラクに正しい姿勢がとれるようになります。

意識しなくても自然に正しい姿勢がとれる

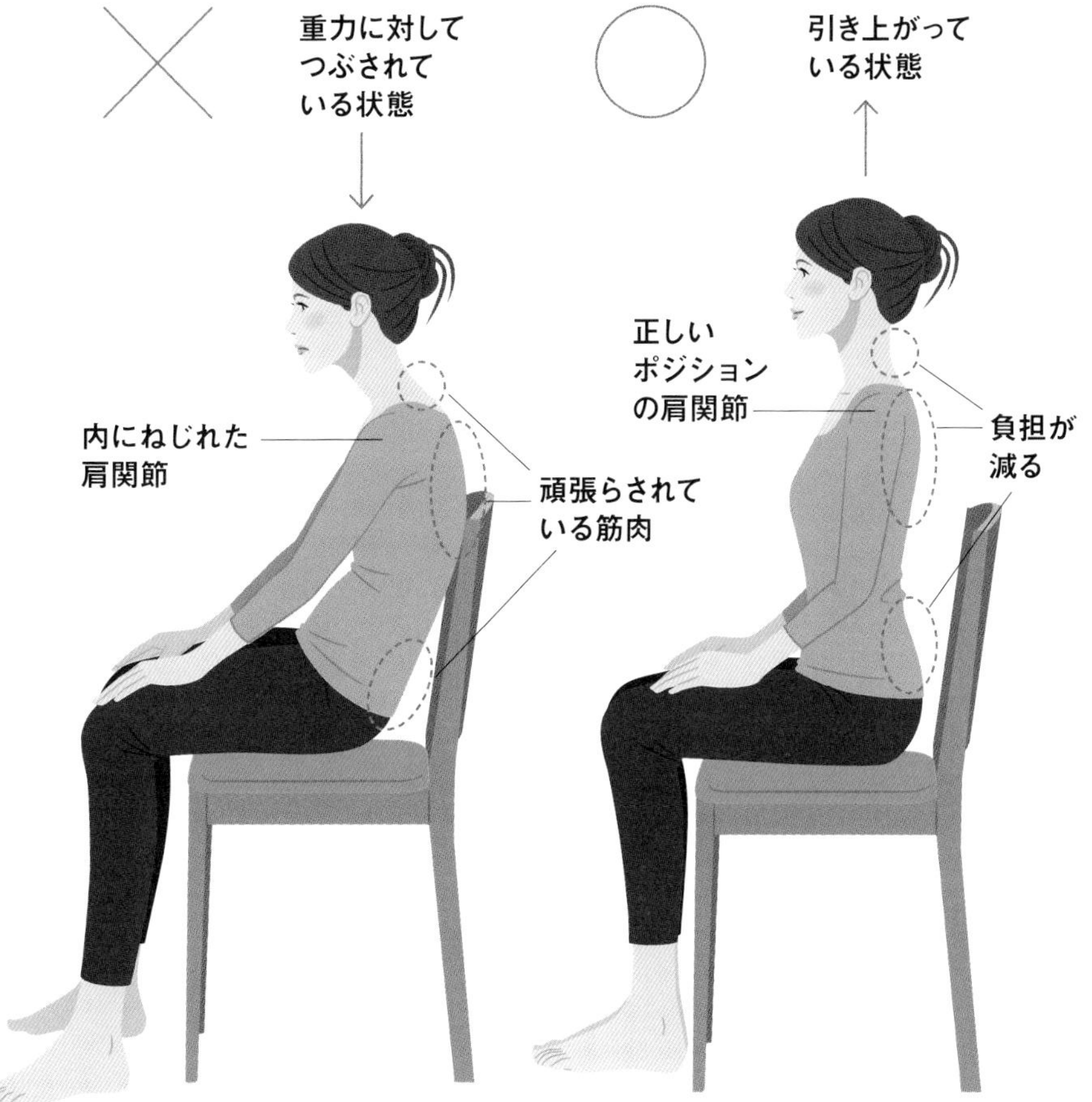
×
重力に対して
つぶされて
いる状態
内にねじれた
肩関節
頑張らされて
いる筋肉
○
引き上がって
いる状態
正しい
ポジション
の肩関節
負担が
減る

森式ストレッチ 3

筋肉や脂肪のつき方が変わってくる

関節のポジションが変わると、体の使い方や姿勢が変わります。すると筋肉や脂肪のつき方が変わるので見た目が変わります。

猫背だった人の場合、肩関節が正しい位置になり、背骨が伸びることで、縮んでたるんでいたお腹はすっきり見えます。また、下半身でも同じことが言えます。Ｏ脚の人は股関節が内側にねじれて、太ももの骨が外に張り出してしまい、体重が外側にかかりやすくなります。そのため外ももが頑張って体を支えるため、筋肉や脂肪がついて外張り脚になり、反対に内ももの筋肉はあまり使わなくなり、たるんできます。

しかしストレッチによって股関節が正しいポジションになると、太ももの骨は膝に向かってまっすぐになるので、外ももの筋肉は最小限に、内ももは適度に働きます。それにより、外ももはすっきり、内ももは引き締まります。太ももの周囲の太さは変わらなくても、脂肪と筋肉のつき方が変わり、脚のラインは変わって見えるようになります。

姿勢が改善され、骨格が整うと、見た目が変わる

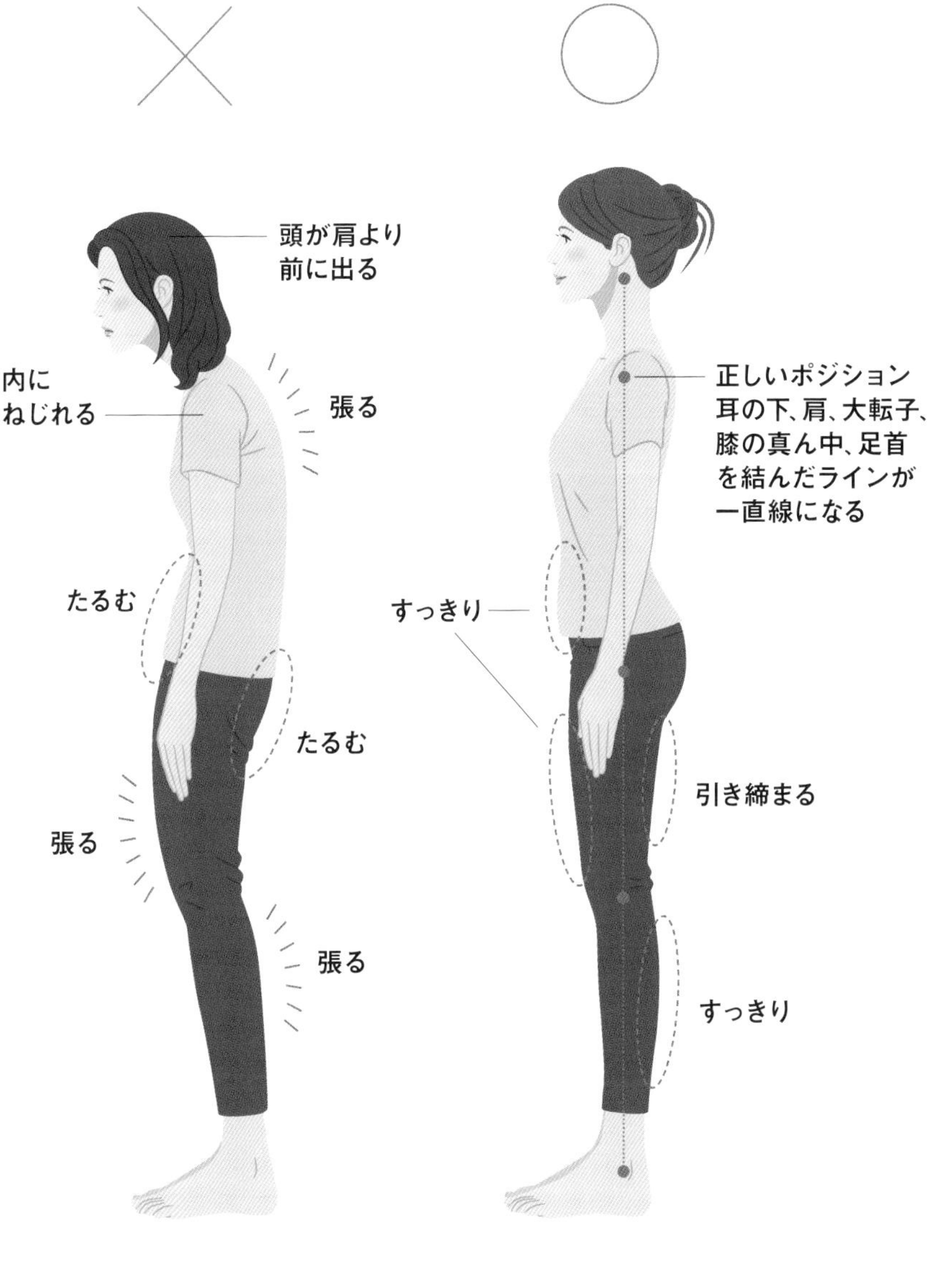
×
○
頭が肩より前に出る
内にねじれる
張る
たるむ
たるむ
張る
張る
正しいポジション
耳の下、肩、大転子、膝の真ん中、足首を結んだラインが一直線になる
すっきり
引き締まる
すっきり

どこでも、どこからでもできる。まずは2週間。1日5分からでも。毎日続けて習慣にする

「道具は不要」「場所を問わず」「自分の気になる部位」からできるボディメイクストレッチ。成功への近道はコツコツ続けること。そのためには、自分のライフスタイルにどのストレッチをどう組み込めば無理なく習慣化できるかがポイントです。

次のページを見てください。例えばAさんの場合、二の腕のたるみが気になり、二の腕のストレッチだけをチョイスして1日5分。Bさんの場合は、外張り脚とししゃも脚がコンプレックスなので、太ももとふくらはぎのストレッチを組み合わせて。Cさんの場合は、隙間時間を利用して、外出先や自宅での時間を賢く利用してストレッチ。Dさんの場合は本気で体のラインを変えたいので、21個のストレッチをフルコースで。どの部位にどれくらい時間をかけられるのか、自分で考えてみましょう。そしてまずは2週間続ける。ストレッチで行った体の使い方が正しいという回路が脳につくられるのに、2週間かかると言われているからです。

まずは2週間！

Aさんの場合

二の腕の
プヨプヨが
気になる！

二の腕の
やせストレッチ

①②③を各1セット

⇩

［おうちで1日約5分］

Bさんの場合

きれいな
脚のラインを
叶えたい！

太ももとふくらはぎの
やせストレッチ

①②③を各1セット

⇩

おうちで1日約10分

Cさんの場合

おうちでも
オフィスでも
隙間時間で
ストレッチしたい！

外出先でながらストレッチ
おうちでながらストレッチ

⇩

全部やって1日約15分

Dさんの場合

全身くまなく
ストレッチで
整えたい！

7つの部位×
やせストレッチ

①②③を各1セット

⇩

全部やって1日約40分

Chapter

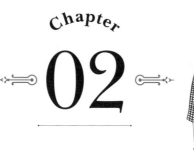

02

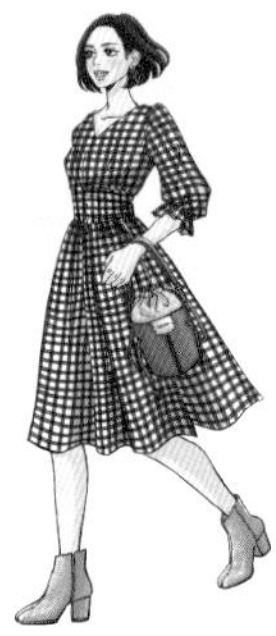

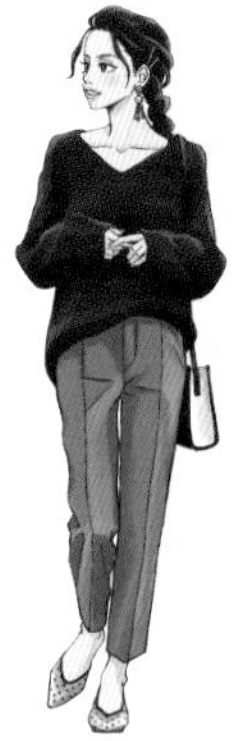

気になる部位に3つだけ！なりたい別ストレッチ

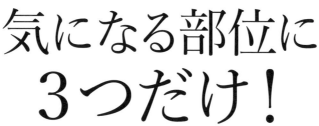

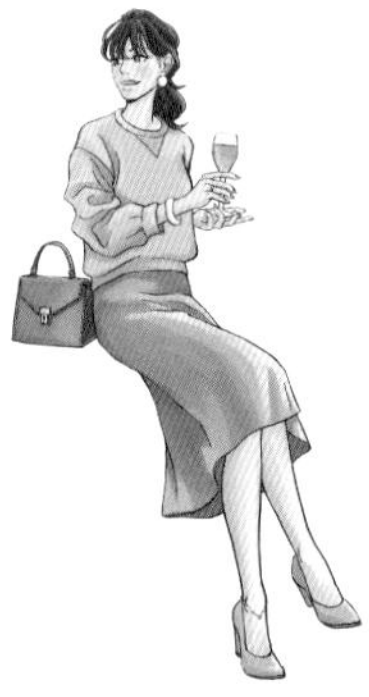

ule Stretch

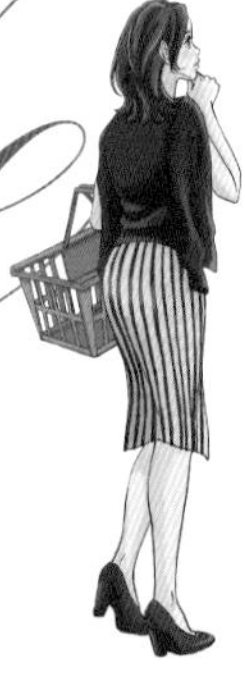

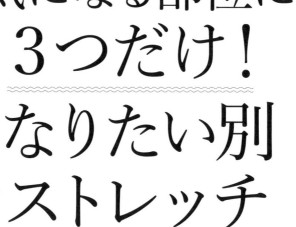

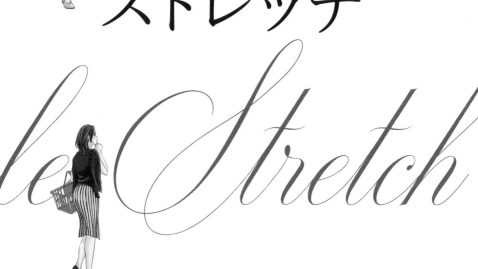

厚ぼったくなった「背中」、たぷたぷの「二の腕」、
フェイスラインが不明の「顔」、
くびれのなくなった「お腹」、垂れたり横に広がった「お尻」、
外や前に張り出した「太もも」、むきむきの「ふくらはぎ」。
体型の崩れの悩みは人それぞれだけれど、
多くの女性が悩んでいて、「なんとかしたい！」と思う7つの部位。
姿勢が崩れることで大きな影響を受ける部位でもあります。
姿勢が崩れると、骨格や関節の位置が変わります。
そうなると、筋肉がつきやすくごつくなる部分と、
脂肪がつきやすくたるむ部分が出てくる
──これがボディラインの崩れ。
まずは骨格、関節を正しい位置に戻すストレッチをすることで
少しずつ正しい姿勢を手に入れましょう。
それがあなたのボディラインを整えることにつながるのです。

7つの部位×3ストレッチでボディメイク

「だぶついたウエストまわりを」「薄着になる前に背中だけ」と、大至急なんとかしたい部位からまずはスタート。

気になる部位に対してたった3つのストレッチで攻略できます。

この章の見方と使い方

なりたい女性像でイメージングするレッスン

ただやせたいだけではなく、「どんなラインになりたいのか」「どんな洋服をどう着たいのか」を具体的にイメージしてモチベーションアップにつなげます。

7つの部位を鍛える理論をしっかり学ぶ

ストレッチはやみくもにすればいいわけではありません。まずは、ボディラインが崩れてしまった原因を理解して、ボディメイクを成功に導く近道を知ることが大切です。

3つのストレッチで気になる部位にアプローチ

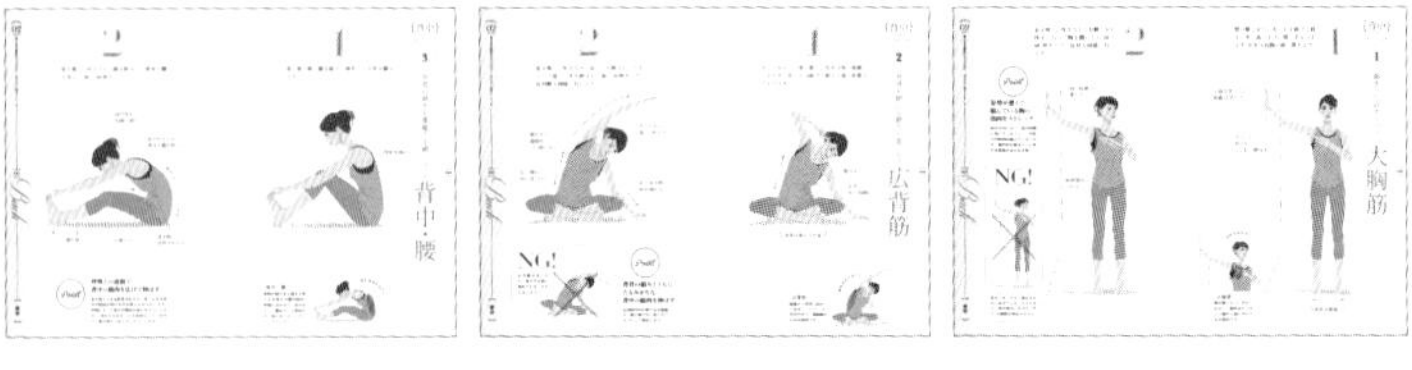

厳選したストレッチを紹介した順番で行うことで、体のゆがみが解消して姿勢が整い、筋肉と脂肪がバランスよくつくようになります。

森式ストレッチ3つのポイント

Point 1
呼吸について

呼吸の基本は鼻から吸って口から吐き、吐きながらストレッチポジションをとります。お腹や背中といった体幹部のストレッチは、呼吸と連動する筋肉があるので呼吸の意識を高めることができます。そのほかの部位は息を止めずに自然に呼吸をしましょう。

Point 2
時間について

ストレッチポジションを 30 ～ 60 秒キープします。硬くなった筋肉が伸びて、それが正しいポジションだと脳が理解するのに 30 秒以上かかります。ただし、90 秒以上は効果が変わらないので、長く行えばいいというわけではありません。

Point 3
動きについて

できるだけ伸ばそうと大きく動く人がいますが、それは間違い。基本は体幹を安定させ、体幹から手先や足先をできるだけ遠くへもっていくイメージで行います。動きは小さいですが、確実に、正確に筋肉や関節に刺激が入ります。

背中×やせストレッチ

シュッとした後ろ姿は
まっすぐ伸びた背中で決まる

後ろ姿ほど、年齢を語ってしまう部位はありません。
ほどよく浮き上がった肩甲骨と美しい背骨のライン。
タイトな服も、背中が大胆に開いた服も
自慢の背中を手に入れれば躊躇《ちゅうちょ》なく着られます。

Back

背中

背中がシュッとしていると**タイトなリブニット**がキマる！

ワイドパンツや
ボリュームスカートには
タイトなトップスの方が
バランスよいのはわかる

だけど

ブラ上にハミ肉が
たまっていると
着られないのよ…

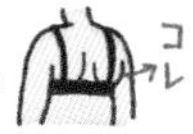

猫背も治したい!!

後ろ姿に自信が持てたら
着たいのは

背中の開いたキレイ色トップス

インナーは
背中開き専用のものを♥

カップ付
バックオープンキャミ

Stretch Method

猫背や巻き肩をストレッチですんなり矯正

重力で背骨が縮むことで背中がたるむ

ブラの上にのった肉、厚みのある逞しい背中、ブラの下に「ハ」の字ができてしまうたるみ……。背中はケアを怠ると、すぐに老け込んでしまいます。

こんなふうに背中を老けさせてしまうのは、姿勢の崩れが原因です。年齢とともに重力で背骨が曲がってつぶれます。また、スマホやパソコンでの長時間の作業で、肩が内巻きになってしまいます。姿勢が崩れる原因は日々の生活の中にたくさんあるのです。

姿勢が悪くなると背骨が縮み、ピーンと張っていた筋肉や脂肪もたるみます。また、*24個の骨が積み重なった背骨の隙間が狭くなり、スムーズに動かなくなります。本来、背骨は首のあたりは反ってみぞおちあたりは丸くなり、そして腰のあたりで反ってS字カーブを描くことで、体を支えています。骨と骨の間が狭くなると、丸めたり、反ったりという動きができなくなり、背骨のまわりの筋肉はどんどん硬くなります。また、前かがみの姿勢だと、胸やお腹の筋肉は縮み、背中の筋肉は前へ引っ張られます。縮んでも引っ張られても筋肉は硬くなり、血管を圧迫して代謝が悪くなり、脂肪がつきやすくなるのです。

胸の筋肉を緩めてから背中をほぐす

姿勢を整えるためにまずアプローチをするべきは、前かがみの姿勢で縮んでしまった胸の筋肉です。ここの縮みを取り除いたら、次はカチコチに硬くなった背中の筋肉、広背筋をいろんな方向から緩めます。緩めたところで、背骨を丸めたり反らせたりして、スムーズに動かせるようになると、さらに背中の筋肉も動きやすくなり、代謝が上がって脂肪がつきにくくなります。この順番でストレッチすることで、前かがみになった体を起こそうという回路が脳にできるため、姿勢が整いやすくなります。

＊ **24個の骨**
背骨は1本の骨ではなく、24個の骨（椎骨）が連なっています。首の骨（頸椎）は7個、胸の骨（胸椎）が12個、腰の骨（腰椎）が5個。頸椎は前に、胸椎は後ろに、腰椎は前に緩やかにカーブしてS字になっているのが理想で、筋肉への負担が少ない正しい姿勢です。

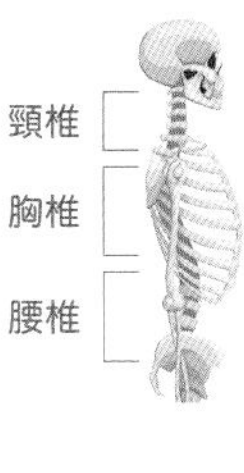

{背中}のストレッチ

1

縮まって固まりやすい

大胸筋

1

壁の横に立ち、右ひじを曲げて肩より少し高く上げ、壁に手をつきます。左手は右胸の前に置きます。

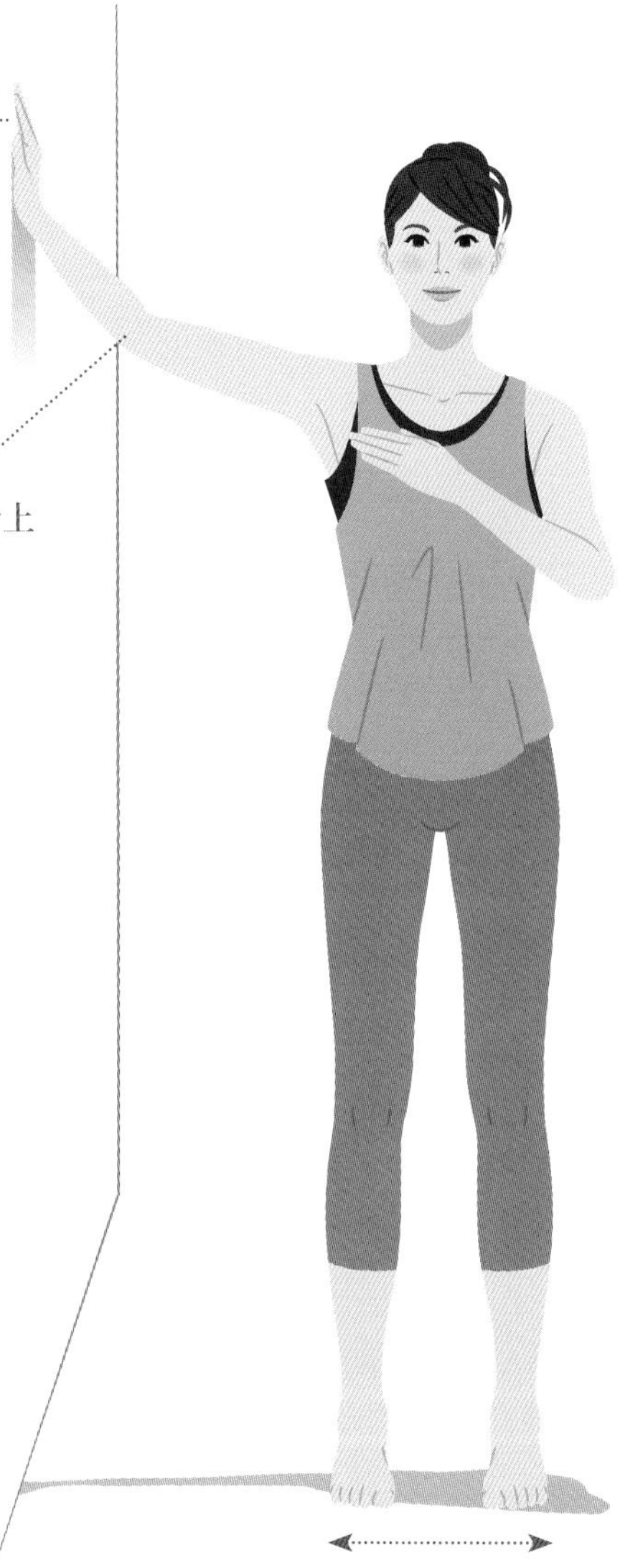
小指を壁につけ
親指は浮かす
右ひじは
肩より
こぶし１個分上
両足は肩幅に

効かせるのはここ!

［大胸筋］

胸を覆うように平たく広がり、鎖骨あたりから上腕の上部にかけてある筋肉です。

2

息を吸い、吐きながら左側に少し体をひねって胸を開いたら30～60秒キープ。反対も同様に行います。

肩の位置は変えずに
体幹部からひねる

Point

姿勢が悪くて縮んでいる胸の筋肉をストレッチ

前かがみになり、肩が内側に巻いてしまうと、この部分の筋肉は縮んでしまいます。腕の付け根あたりに伸びる感覚があれば正解。

NG!

肩が上がったり、顔だけを左に向けてしまったりすると、肩を後ろに引けないので、大胸筋を伸ばせません。

{背中}のストレッチ

2

背骨が縮んで動きが悪くなる
広背筋

1

あぐらをかいて床に座り、左手は体の真横につきます。右ひじは曲げて肩より高い位置まで上げます。

縮める
左手は
肩の真横につく
お尻は床につける

［広背筋］

脇腹から背骨に向かって扇状についている、背中の中で一番面積を占める筋肉です。

効かせるのはここ!

2

息を吸って吐きながら右ひじを伸ばし、できるだけ遠くに手を伸ばして30～60秒キープ。反対側も同様に行います。

手はできるだけ
遠くに伸ばす
腰と手で
脇腹を
引っ張り合う
右の腰は
床に近づける
手で床を押して
体が倒れないように

NG!

右の腰が浮いたり、体や手が前に倒れてしまったりしないように。

Point

背骨の縮みとともにたるみがちな背中の筋肉を伸ばす

広背筋の付け根である脇腹を、腰と腕で引っ張り合うようにして伸ばします。

{背中}のストレッチ

3

背骨の動きを邪魔する硬くなった

背中・腰

1

床に座り軽く膝を曲げて両手でつま先を掴《つか》みます。

背中を伸ばす

［背中・腰］

姿勢が崩れると動きが悪くなる背中や腰の筋肉。呼吸に合わせて、背中は上へ、腰は下へと筋肉を引っ張り合うようにストレッチをしましょう。

効かせるのはここ!

2

息を吸い、吐きながら脚を伸ばして背中と腰を丸めて 30 〜 60 秒キープ。

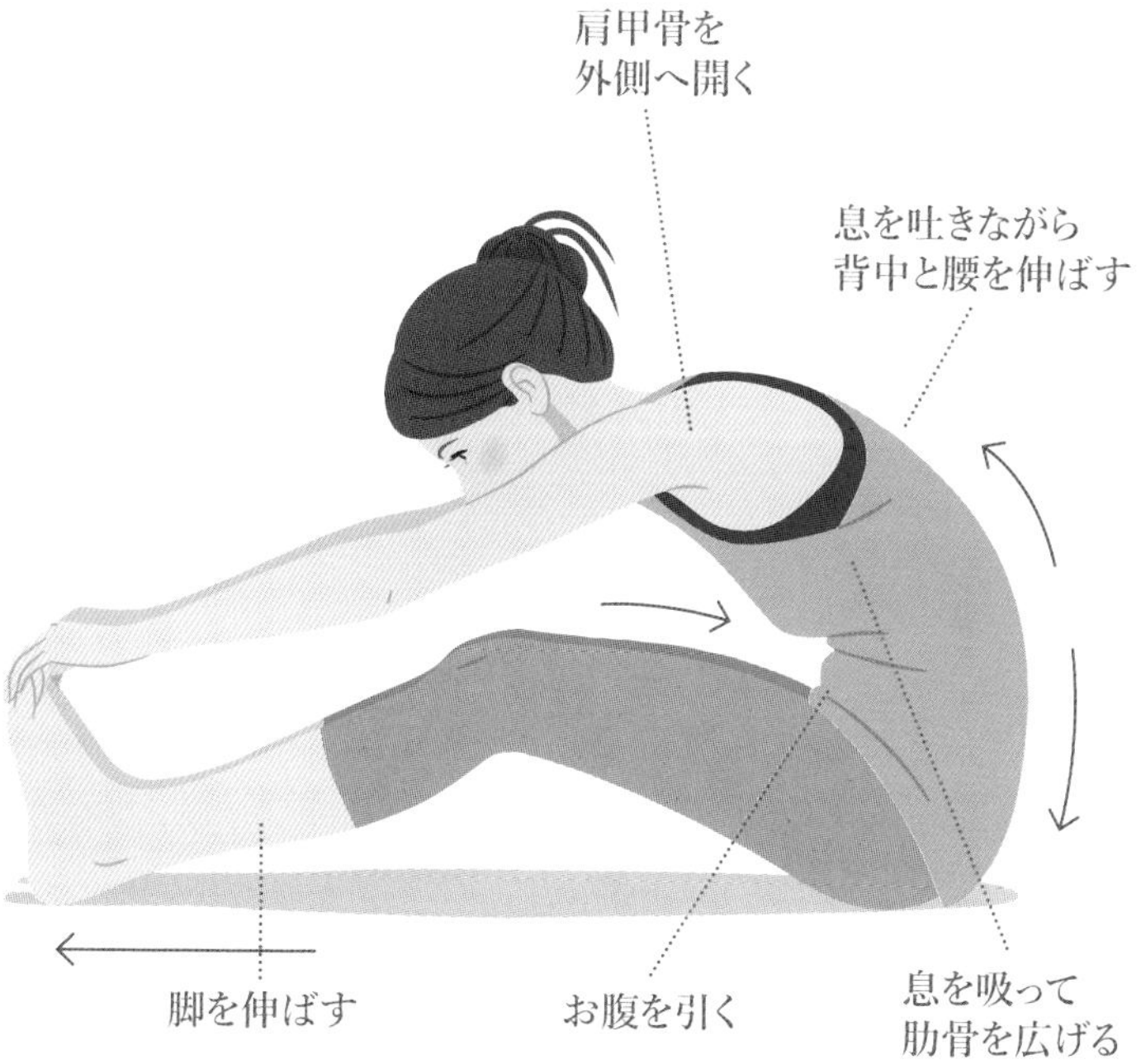
肩甲骨を
外側へ開く
息を吐きながら
背中と腰を伸ばす
脚を伸ばす
お腹を引く
息を吸って
肋骨を広げる

Point

呼吸との連動で背中の筋肉を広げて伸ばす

息を吸うときは肋骨が広がり、吐くときは背中の筋肉が伸びるのを感じながら行います。呼吸によって背中の筋肉を使えるようにします。 背中を丸めることを目的としているので、膝を伸ばし切らないようにします。

二の腕×やせストレッチ

**ずっと封印していた
ノースリーブを解禁する！**

細いだけじゃない、適度に筋肉がついた
二の腕は女らしく、色気すら漂います。
どんなタイプの袖の服でも尻込みしない。
すらりと伸びた健康的な二の腕に仕上げます。

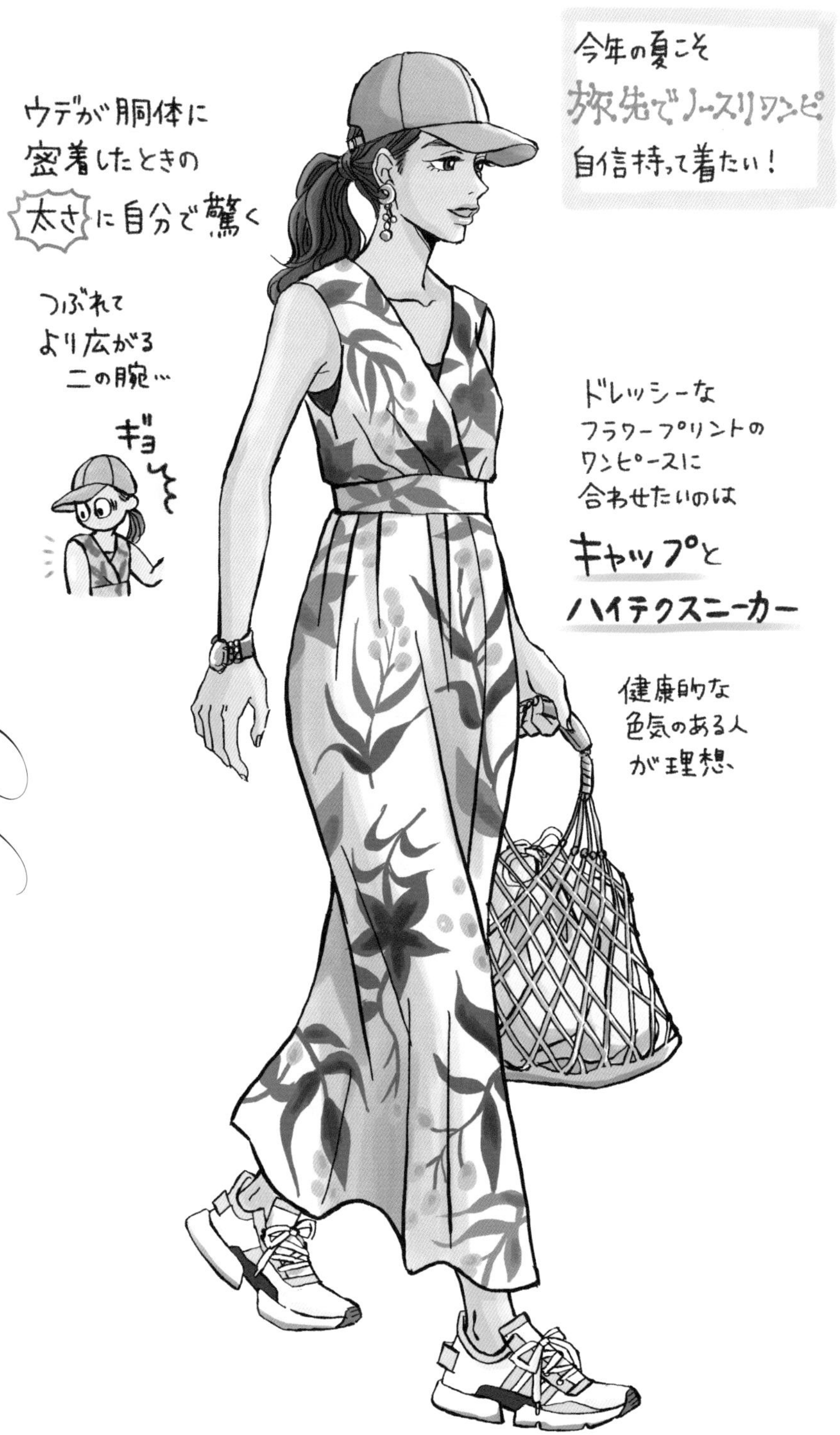
ウデが胴体に
密着したときの
太さに自分で驚く
つぶれて
より広がる
二の腕…
ギョ
今年の夏こそ
旅先でノースリワンピ
自信持って着たい！
ドレッシーな
フラワープリントの
ワンピースに
合わせたいのは
キャップと
ハイテクスニーカー
健康的な
色気のある人
が理想

Stretch Method

たるたるな振り袖をキュッと絞って引き締める

内に巻いた肩が二の腕の振り袖をつくる

たっぷりと肉がついた肩まわり、そこからのびるぽってりした二の腕は、おばさん度を一気に上げるパーツ。薄着の季節の悩みのタネ、なんとかしたいものです。

二の腕がぽってりしてしまうのは、年齢や運動不足だけが原因ではありません。若くても、運動をしていても、二の腕だけがなかなかやせないと思っている人は多いでしょう。二の腕が太くなりやすいのも、実は背中と同様に姿勢と大きく関係しています。肩が内側に丸まると巻き肩の姿勢になります。すると腕の裏側は引っ張られ、表側は縮んでしまいます。引っ張られている裏側も、縮んでいる表側も筋肉が使いにくくなって硬くなり、その分の代謝が落ちて脂肪がつきやすくなるのです。

肩関節のポジションを正せばほっそり二の腕に

本来、肩は耳の下にあるのが正しい姿勢*ですが、姿勢がよくない人の多くは、内側に丸まって耳より前に出てしまっています。これを肩関節の内旋といい、矯正して肩関節の位置を正しいポジションにすることが二の腕をほっそりさせるためには不可欠です。

肩関節を正しいポジションに戻すには、肩を外にねじる外旋の動きをすること。すると肩関節の位置が耳の下に行きやすくなるので、胸が開きやすくきれいな姿勢に見えます。肩関節が正しいポジションになったら、張り感が強く出ている二の腕の裏側を伸ばしてさらに外旋させやすくします。すると内旋するほうに戻ろうとして、結果的に正しいポジションに落ち着きます。そして、表側の縮んだ筋肉を伸ばして内旋させると、今度は肩関節が外旋する方向に力が働き、肩関節がスムーズに動くようになって正しいポジションをラクにキープできるようになります。

＊ **正しい姿勢**
体を横から見たとき、耳の下、肩、大転子、膝の真ん中、足首が一直線上にあるのが正しい姿勢です。

{二の腕}のストレッチ

1

内巻きに丸まってしまった肩関節

1

左手で右肩を横から掴みます。右ひじを 90 度に曲げて、手のひらはお腹のほうに向けて肩関節を内側にねじります。

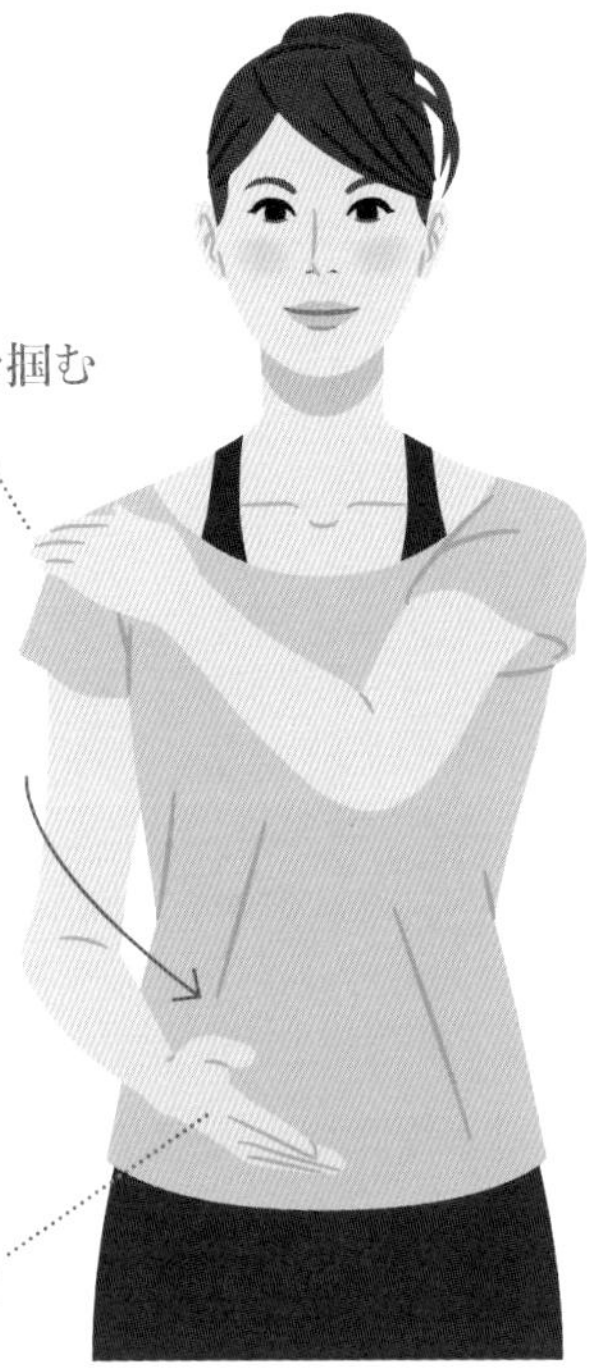
肩関節を掴む
手のひらは
お腹のほうに
向ける

効かせるのはここ!

［肩関節］

肩甲骨と腕の骨をつなぐ関節が内側にねじれると、背中の筋肉が引っ張られて猫背になってしまいます。

2

右肩と右ひじを軸にして、肩関節を外にねじりながら親指を外側に向けて2秒キープしたら1に戻すを10回行います。反対も同様に行います。

肩関節を
外にねじる
手のひらを
上に向ける
肩から
ひじまでを
軸にする

NG!

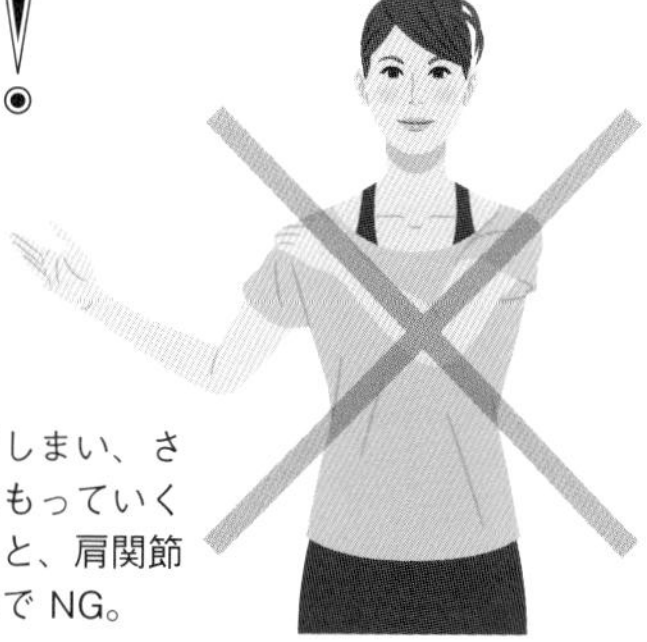

体と脇の間が空いてしまい、さらにひじごと後ろにもっていく動きになってしまうと、肩関節を動かせていないのでNG。

Point

肩関節を外にねじって正しい位置に矯正

肩関節を固定してから外側にねじって、正しいポジションに矯正します。肩関節がゴリゴリッと動くのを感じながら行いましょう。

{二の腕}のストレッチ 2

たるんで振り袖の原因になる上腕三頭筋

1

左手を左肩の後ろにのせます。姿勢はイスや床に座っても、立って行っても OK。

手は軽く
のせるだけ
イスや床に
座っても OK

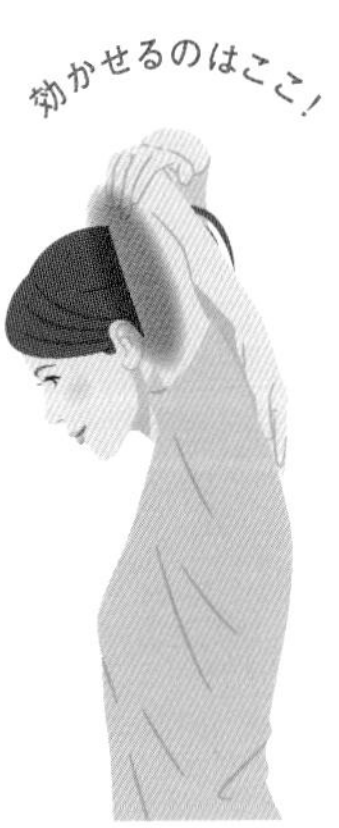
効かせるのはここ!

［上腕三頭筋］

物を投げたり、頭上に押し上げたりするときに使う上腕の裏側の筋肉で、日常生活ではあまり使わない部分。

2

右手で左ひじを後ろに引っ張る。二の腕を伸ばして 30～60 秒キープ。反対も同様に行います。

Back
左ひじを
後ろに引っ張る
腰は反らない

左ひじを後ろに引っ張ることで二の腕が伸びます。左手は背中から離さずに行って、狙った部位をしっかりストレッチしましょう。

NG!

ひじを押しているつもりが、体をどんどん横に倒してしまうと、二の腕の伸びを感じません。

Point

脂肪がついて振り袖になりそうな二の腕を伸ばす

日常生活で伸ばすことが少ない二の腕は、油断するとたるみやすい。相当硬い部分なので、まずは気持ちいい程度に伸ばしましょう。

{二の腕}のストレッチ

3

縮んで硬くなった

上腕二頭筋

1

両手のひらを体側につけます。手のひらは体の内側につけて肩の力を抜きます。

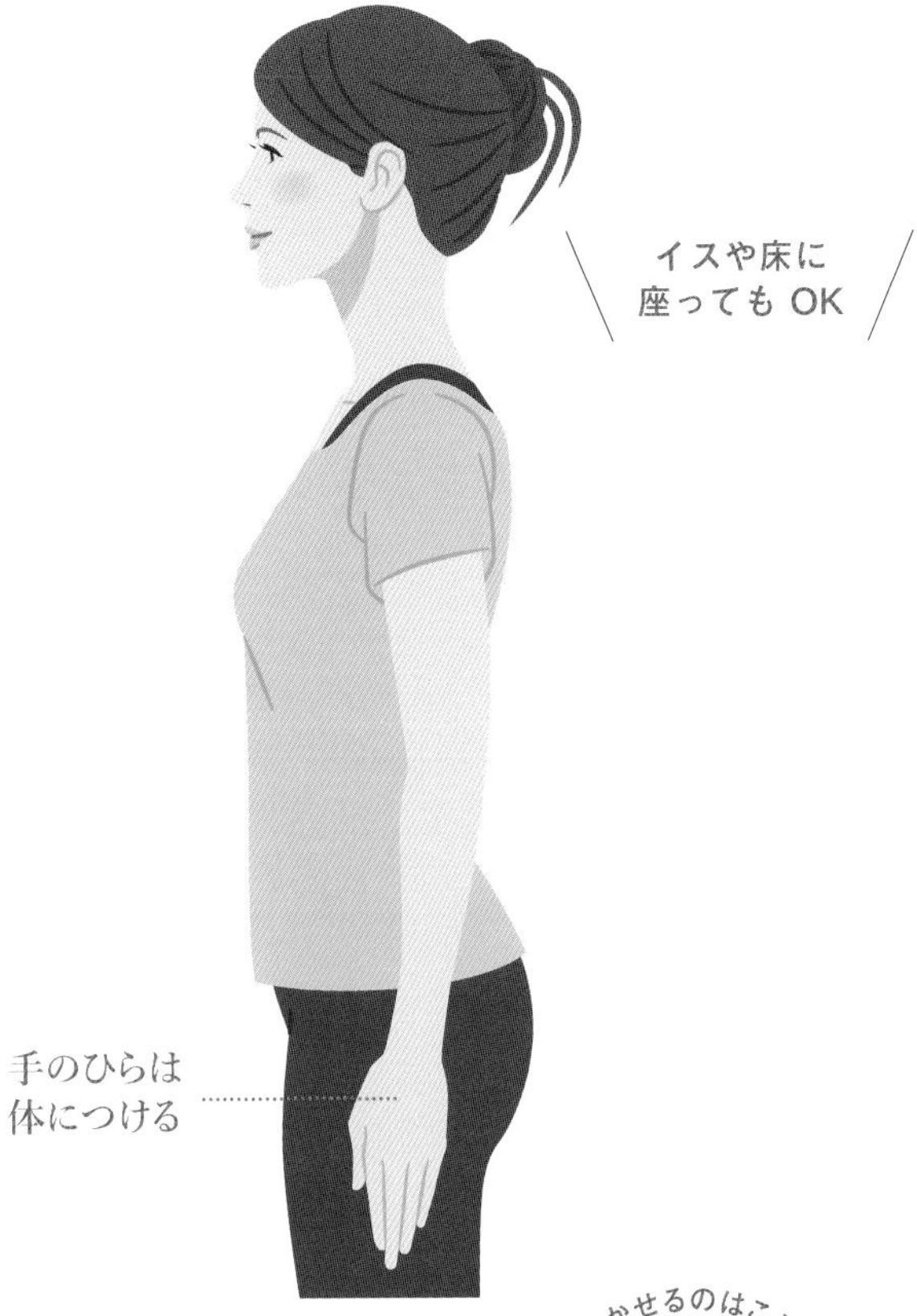
イスや床に
座っても OK
手のひらは
体につける

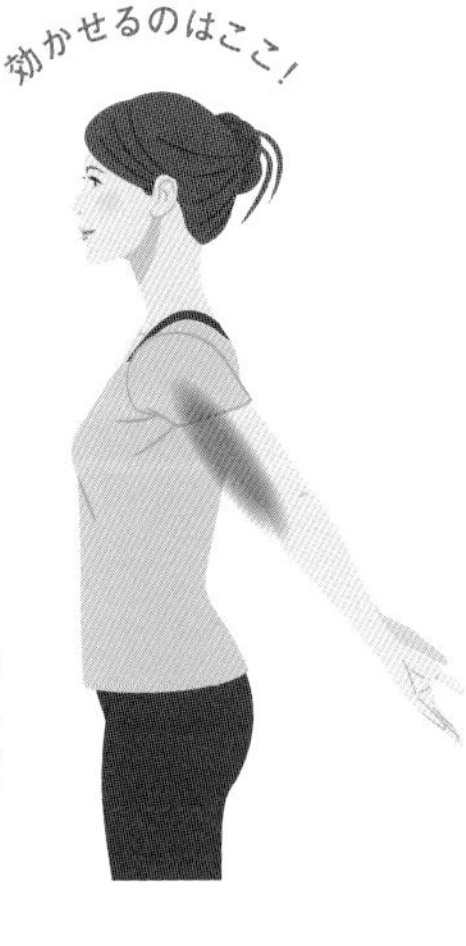
効かせるのはここ!

［上腕二頭筋］

ひじを曲げたり、物を持ったりするときに使う腕の表側の筋肉。この部分が縮んで硬くなると、肩が前に引っ張られて猫背になりやすい。

2

腕を内側にねじり、親指が天井を向くように後ろに引きます。体はまっすぐにしたまま 30 ～ 60 秒キープ。

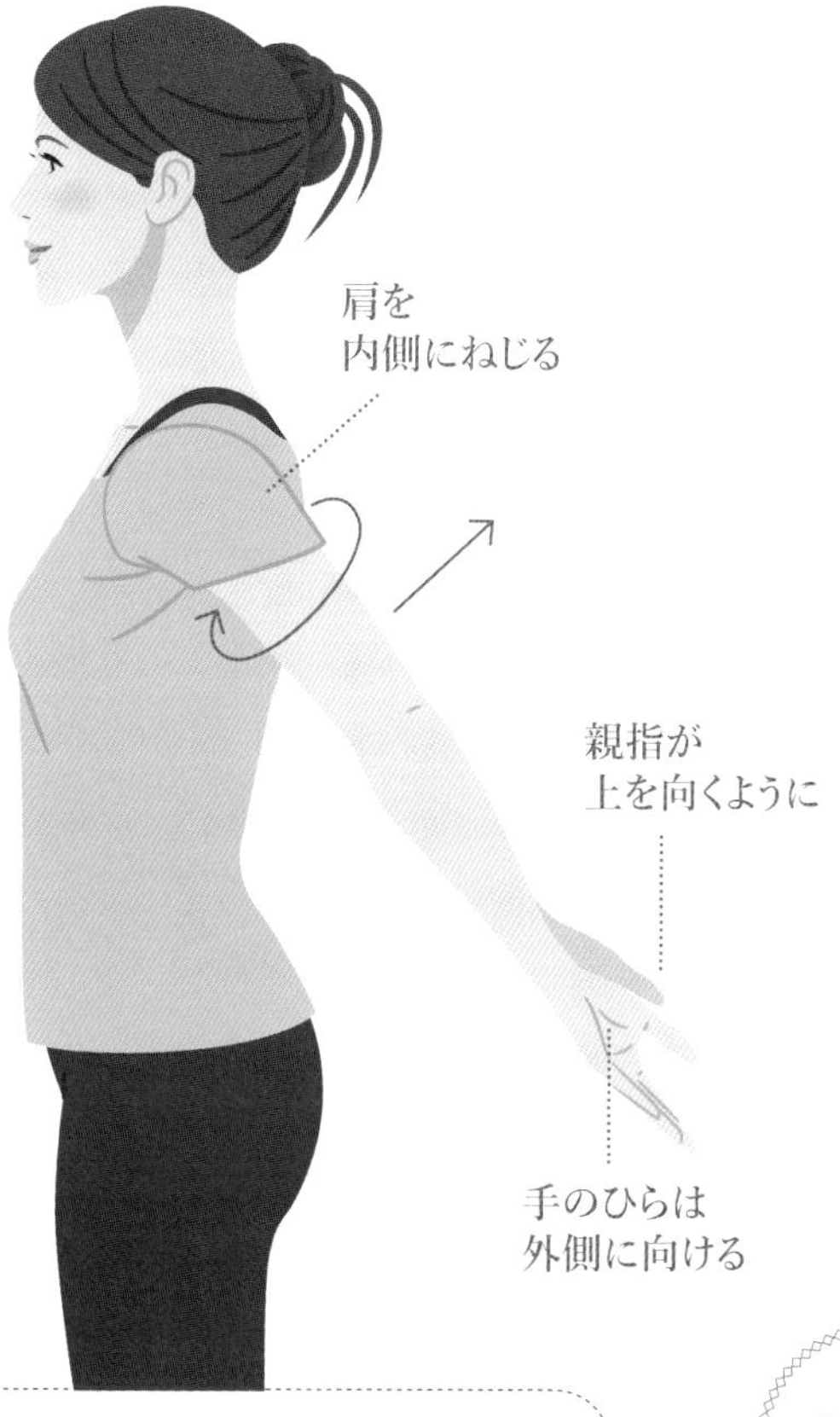
肩を
内側にねじる
親指が
上を向くように
手のひらは
外側に向ける

NG!

上体が前に倒れると肩関節を動かせません。倒れないように体を起こして、目線は前にして行いましょう。

Point

縮んで固まっている腕の内側を緩めて肩関節を内にねじる

肩関節を内旋させて上腕二頭筋を伸ばします。同時に、反対の上腕三頭筋の筋肉を収縮させるため、二の腕のトレーニングにもなります。

顔×やせストレッチ

シャープなフェイスラインを取り戻して小顔に

すらりと首が長くて、シャープなフェイスラインは
凛々《りり》しく、圧倒的に美人度が上がります。
ヘアスタイルも襟元のデザインも計算なしに
好きなスタイルが選べる自由を手に入れたい！

フェイスラインに
自信が持てたら
やっぱり

アップヘアで
顔と首を出したい！

デコルテの開いた
ゆったりニットで
見せたい場所だけ
出して、他は控えめに。

そこはかとなく色気が
漂うくらいがよい…

小顔の特権

黒髪マッシュ
×
赤リップ

これも憧れる

Stretch Method

むくみや二重あごにもストレッチは効果あり

姿勢の悪さがフェイスラインを崩してしまう

重力に逆らえず、顔がたるんでしまう、パソコンでの仕事や会議の後はお疲れ顔でむくみまくっている、フェイスラインがぼんやり、気づけば二重あご。「少し前はこんな感じではなかったのに」と嘆きたくなります。

また、体はさほど太っていないのに、顔がいつもむくんでいて太っている印象を与えてしまう人もいるでしょう。これも姿勢と大きく関係しています。特に注意したいのがスマホやパソコンにかじりつきの人。積み重なると肩が丸まってしまい、頭が肩より前に出てしまいます。頭が前に出ると、首が詰まってしまい、血流やリンパ[*1]の流れが悪くなってむくみやすく脂肪もつきやすくなるのです。こうして姿勢が悪いこと

＊1 **血流やリンパ**
心臓から押し出された血液は、動脈にのって細胞に酸素や栄養を届けます。そして静脈にのって再び心臓に戻ります。その過程で不要になった水分や老廃物を回収するのがリンパ。リンパ液はリンパ管の中を流れ静脈と並走します。リンパ液は顔まわりにも流れているので、滞ればむくみやすくなります。

でどんどん丸顔になっていく。これはどこかで食い止めなくてはいけません！

頭が正しいポジションになれば小顔が手に入る

原因がわかっているのなら、対策は簡単！　姿勢を正すことが解決法です。ではどこからアプローチするか。まずは前に出てしまった頭を一生懸命に支えてカチカチになっている首の太い筋肉、胸鎖乳突筋《きょうさにゅうとつきん》を緩めます。

次のステップは、顎関節[*2]のまわりの筋肉。あごがしっかり動くと血流がよくなって、むくみが解消してフェイスラインがすっきり！　ＳＮＳばかりに夢中になり会話が減ったり、柔らかいものを好んで食べていたりすると、あごのまわりの筋肉はあっという間に衰えます。目指すは縦3本の指が入るくらい口を開けられること。

仕上げは、頭を正しい位置に戻すこと。首の骨である頸椎を本来あるべきカーブを描けるようにして背骨に負担の少ない姿勢にすることで実現します。

＊2　顎関節《がくかんせつ》
頬とあごの骨のジョイント部分で、耳の前あたりの関節。ここの動きが悪いと、顔の筋肉の動きが悪くなり、むくみやすくなります。

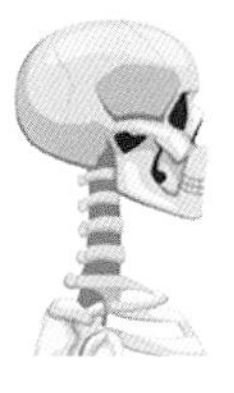

{顔}のストレッチ 1

頭の重みを支えてくれる 胸鎖乳突筋

1

左手を右の鎖骨の上にのせて抑えます。

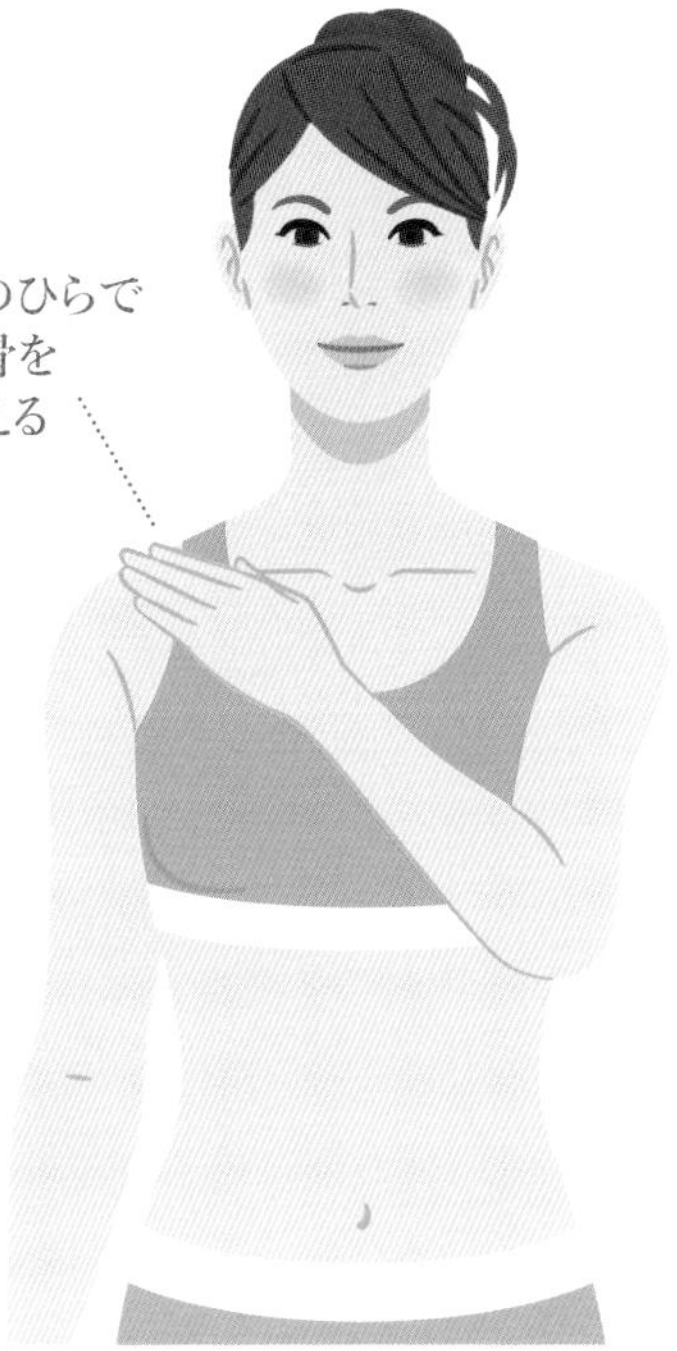
手のひらで
鎖骨を
抑える

［胸鎖乳突筋］

耳の下から鎖骨、胸骨へとつながる首の側面にある筋肉。頭を支える筋肉なので負担が多く、硬くなりやすい。

効かせるのはここ!

2

首を左に倒して、頭を後ろに倒して上を向き、あごを突き出します。呼吸をしながら 30 ～ 60 秒キープ。反対も同様に行います。

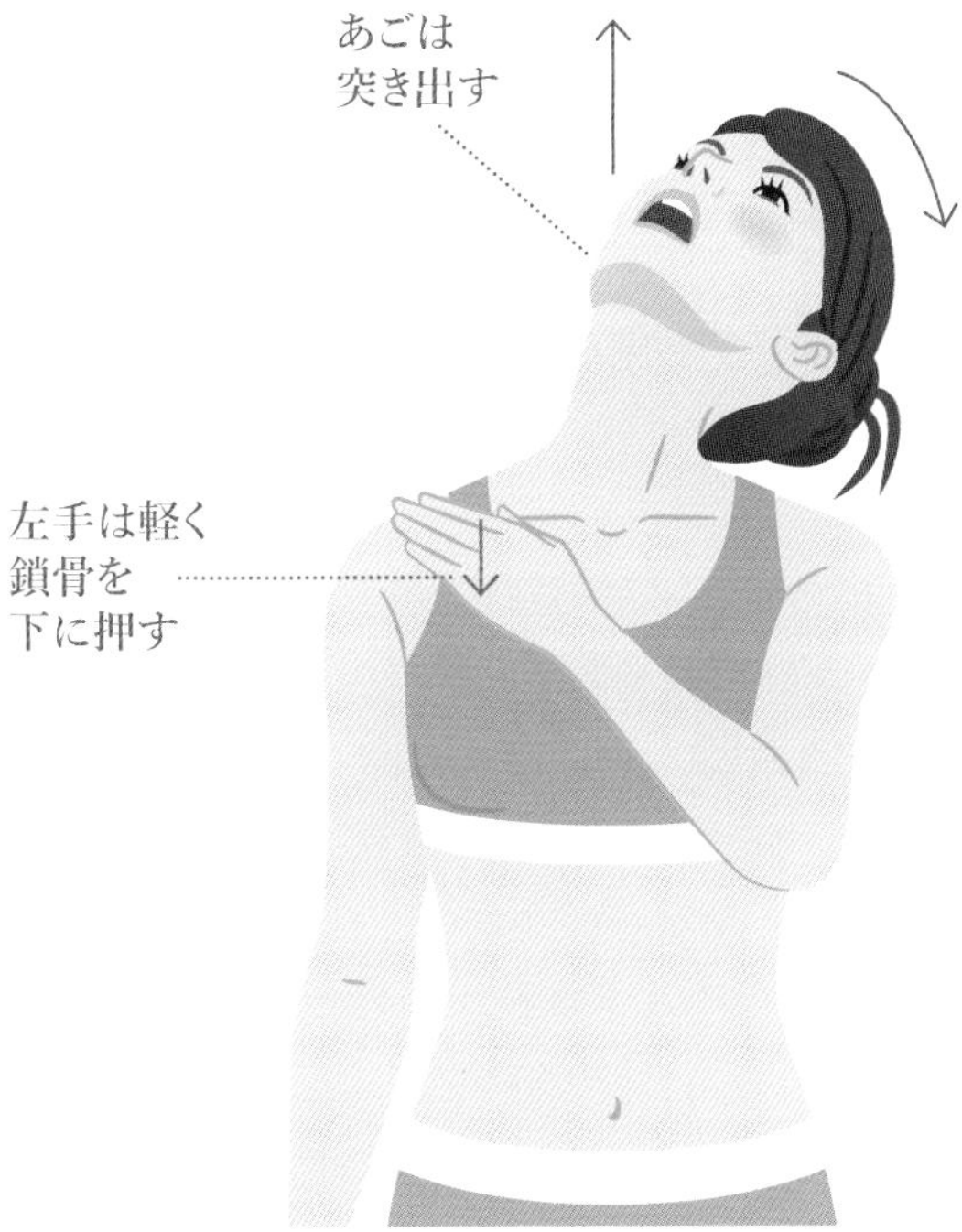
あごは突き出す
左手は軽く鎖骨を下に押す

Point

頭の重みを支える首の筋肉をほぐして頭を正しいポジションへ

体重の10分の1の重さにあたる頭を支える胸鎖乳突筋。頭が肩より前に出てしまうと負担が大きくなります。筋肉を緩めることで、頭の位置を元に戻しやすくします。

{顔}のストレッチ

2

フェイスラインをシャープにする 内側翼突筋

1

あごを左右に 10 往復します。1 回ごとにあごの関節が動いているのを感じながら行いましょう。

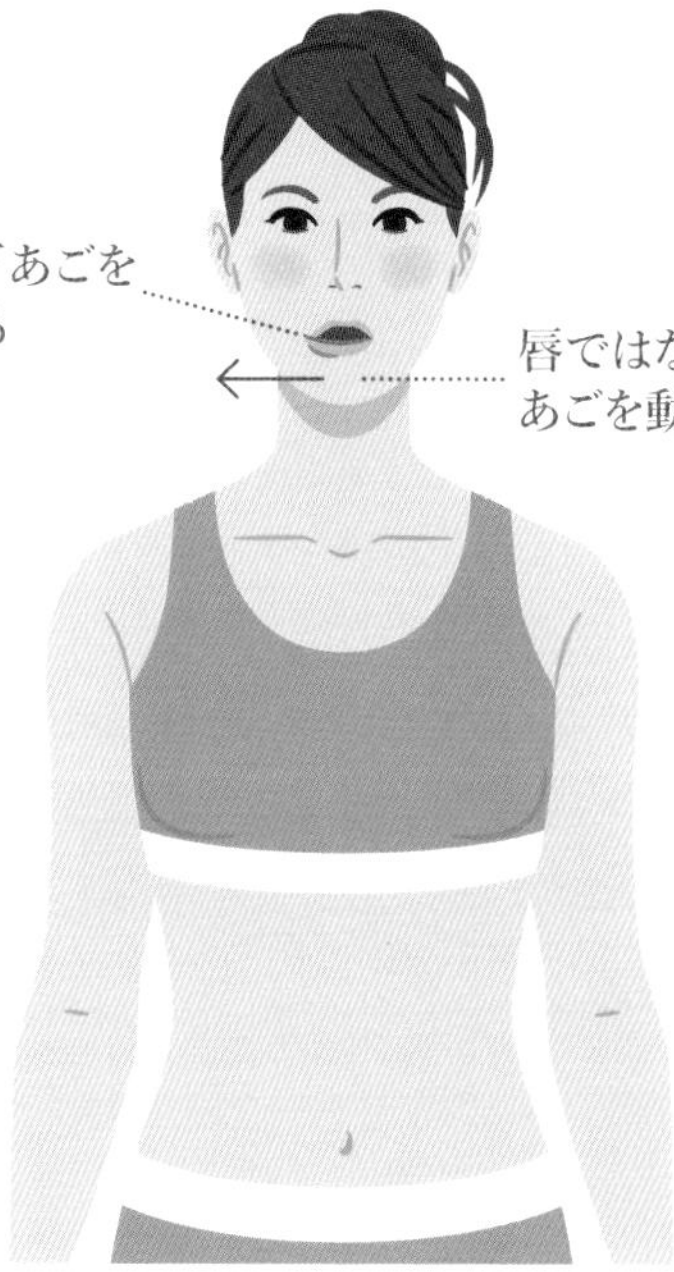

上あごから下あごをスライドさせる
唇ではなくあごを動かす

Point

顔まわりの血流とリンパの流れをよくして小顔になる

あごの関節がよく動き、連動する内側翼突筋がほぐれます。あごまわりの血流とリンパの流れがよくなり、フェイスラインがシャープに。

効かせるのはここ!

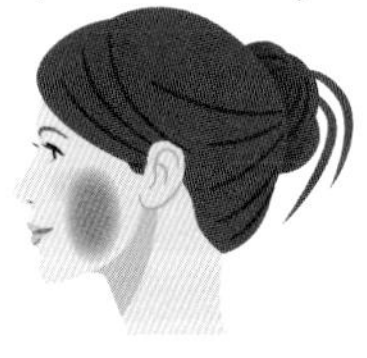

[内側翼突筋《ないそくよくとつきん》]

口を開けたとき頬の内側に縦に走る筋肉。下あごを動かしたり、物を噛んだりするときに使います。

2

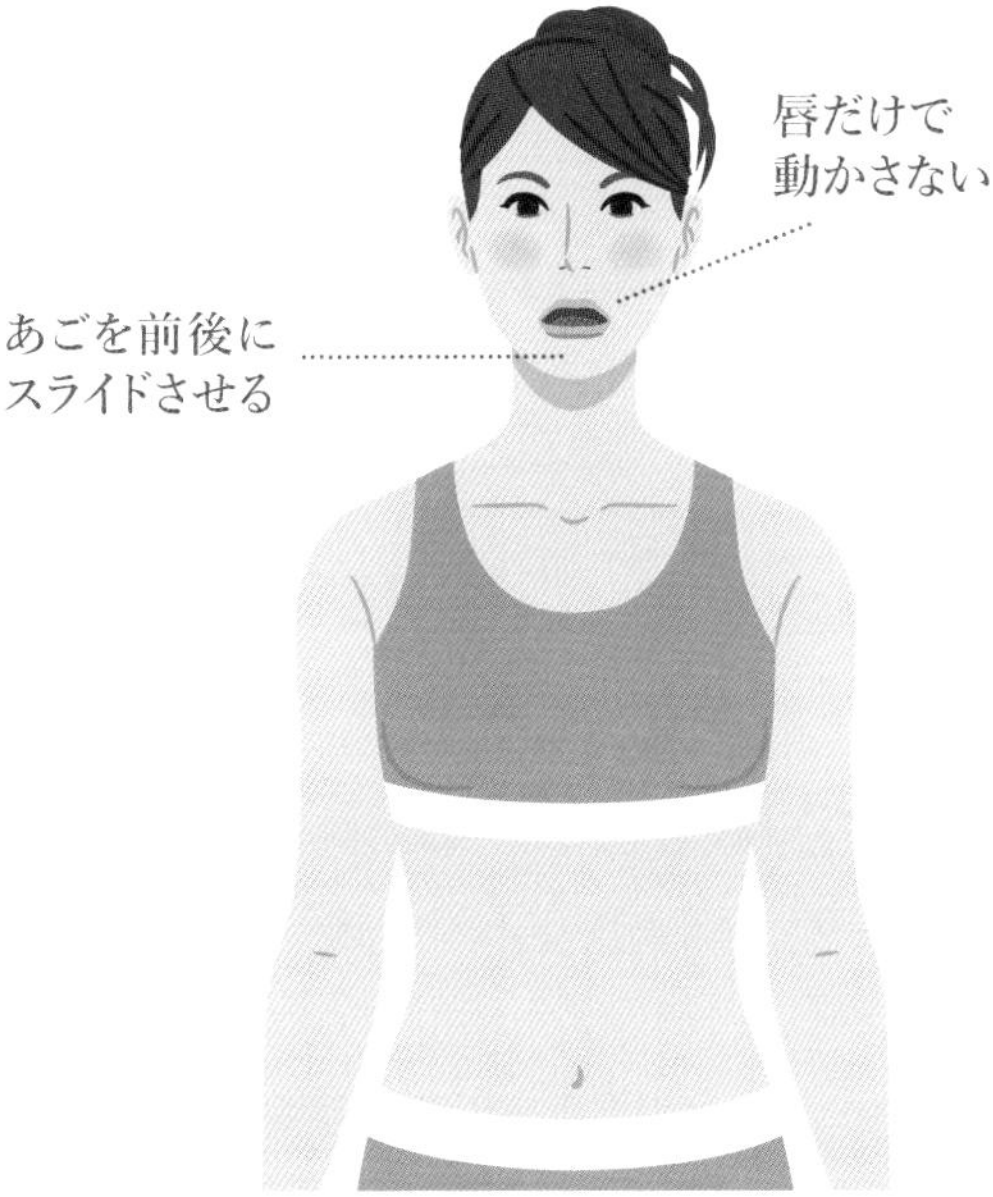
唇だけで
動かさない
あごを前後に
スライドさせる

あごを前に突き出し、戻すというように前後に 10 往復します。1と同様に、あご関節が動いているのを感じましょう。

Side

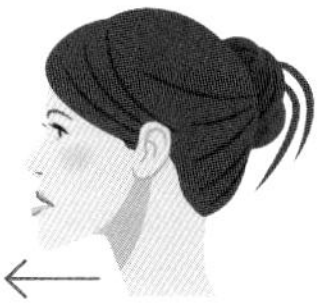

3

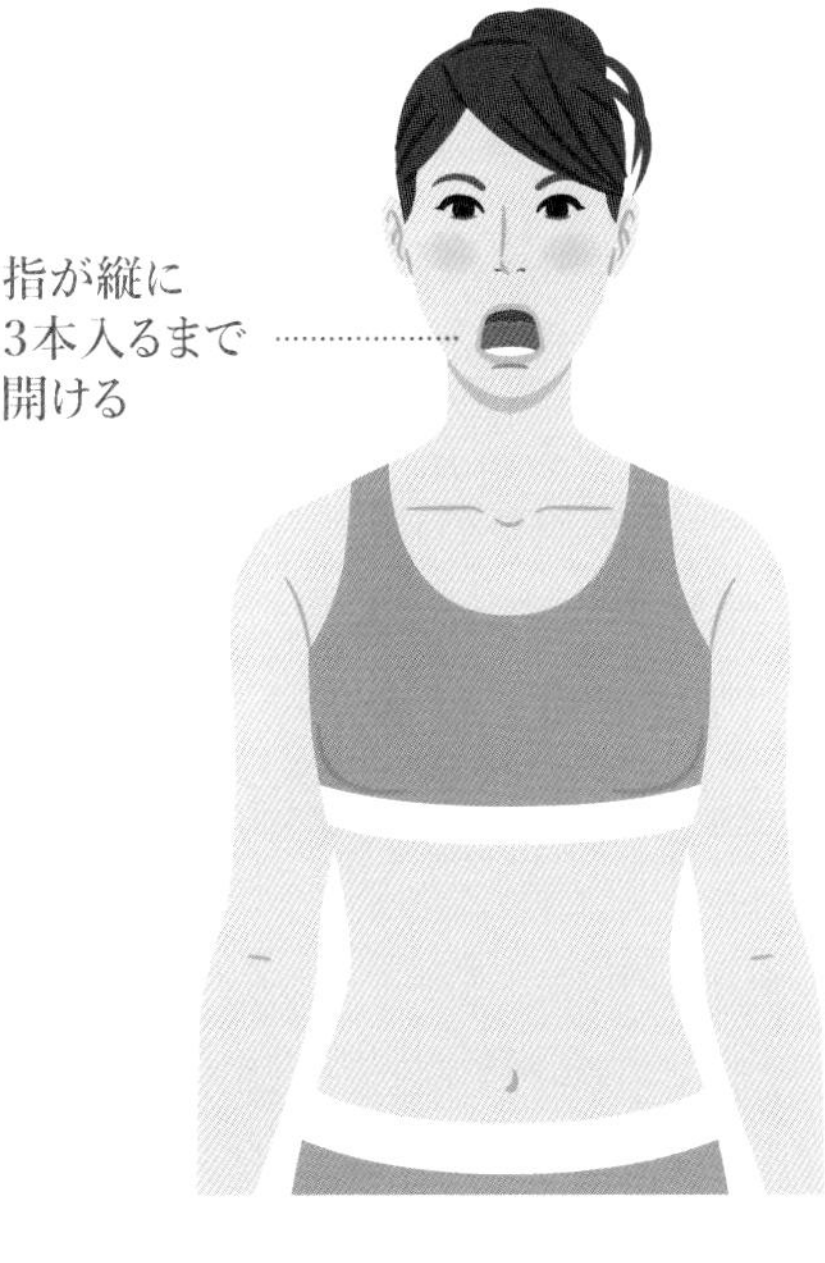
指が縦に
3本入るまで
開ける

2 であごを前へスライドさせた状態から、口を開いて3秒キープします。

Side

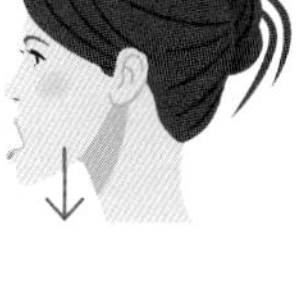

{顔}のストレッチ

3

首の骨のカーブをつくる 頸椎

1

うつ伏せになり、両手のこぶしを顔の前に重ねます。その上にあごを置いて首の後ろにカーブをつくります。

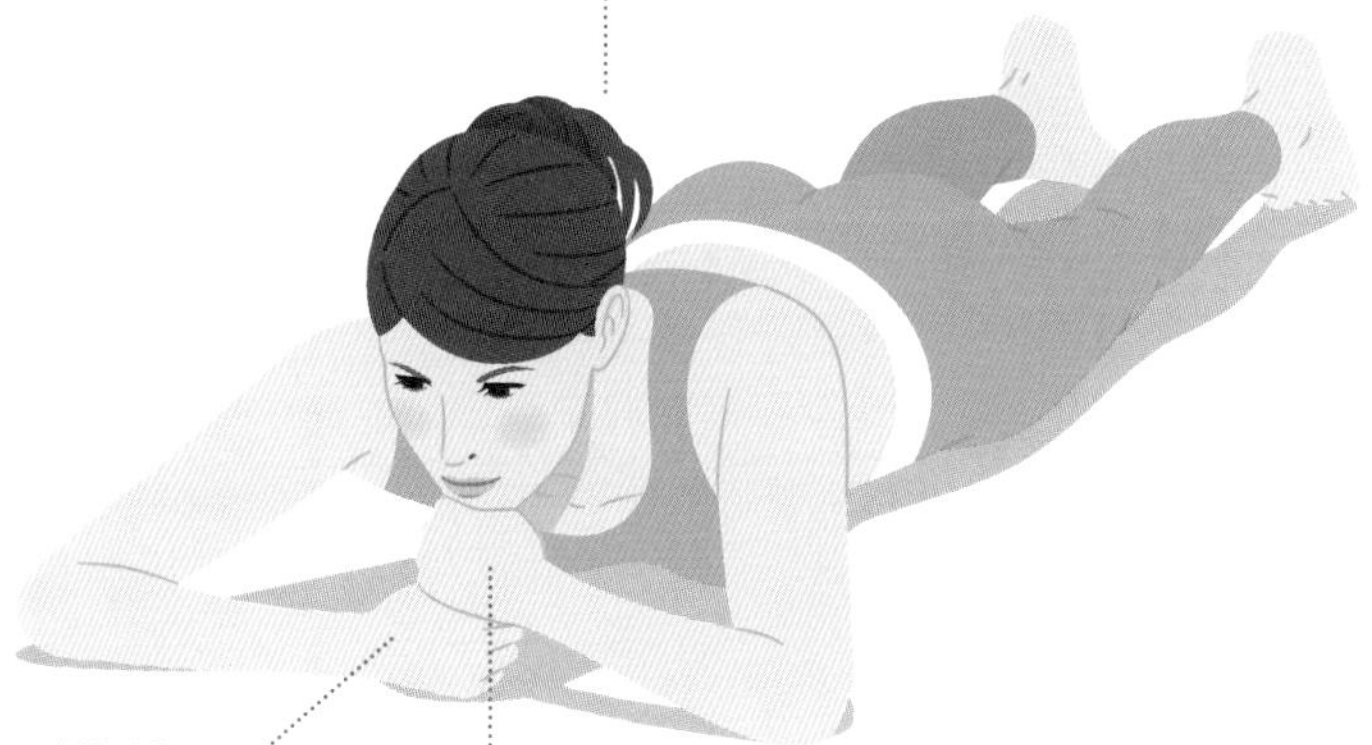
首の後ろに
カーブをつくる
こぶしは
左右どちらが
上下でもよい
こぶし2つを重ねる

効かせるのはここ!

[頸椎]

24 個ある背骨の首の部分にある7つの骨。内側にカーブして頭の重みを支えています。

2

頭を左右に 30 往復傾けます。

頭は真横に倒す
こぶし2つ分は
崩さない

Point

首の骨のカーブを
取り戻して頭を正しい位置に戻す

ストレートネックで頭が前に出てしまっている人は、初めのうちは首のあたりが詰まる感じがしますが、これが頭の正しい位置。慣れてくれると首の負担が格段に違います。

お腹×やせストレッチ

ウエストマークの服でくびれを強調

「くびれ」は女性の永遠の憧れです。女性らしいカービーなウエストラインさえあれば
ウエストマークのワンピースも、トップスをインしてはくパンツも、迷いなくファッションが楽しめます。

せっかくつくった
くびれ!!
積極的かつナチュラルに
見せていきたい
やっぱりウエストマークのワンピースかな
ギンガムチェックは
ひとくせ小物を
合わせれば
甘すぎずに着られる
バケツBag
×
足袋ブーツ

Stretch Method

くびれをつくることを追求したメソッド

たるんだ腰の肉と開いた肋骨でくびれが消滅

なにを差し置いても、ボディメイクする上で絶対に手に入れたいのがくびれ。くびれがあるだけで、圧倒的に素敵なボディラインに見えるからです。

多少太めでも、ウエストまわりが脂肪でだぶついていても、くびれは誰でもつくれる——ただその方法を知らない人が多すぎます。くびれやお腹まわりのぜい肉には「まずは腹筋をしなくては」と思うかもしれませんが、腹筋をしてもカービーなラインはつくれないし、脂肪は落ちません。くどいようですが、脂肪は筋肉には変わらないし、気になる部分を一生懸命動かすことで脂肪が分解されていくわけではありません。

くびれがなくなる原因は背骨が縮んでしまうことと、*肋骨の前側が開くことです。

背骨が縮んだ分、そこについていた筋肉や脂肪はたるむしかありません。また、肋骨が前に開くことで、肋骨と骨盤の間が短くなり、くびれるスペースがなくなります。

腰とお腹の筋肉を緩めて肋骨を閉じる

ではどのようにくびれをつくるのか、ポイントは3つあります。

1つ目は、正しい姿勢をできるように硬くなった腰の筋肉をほぐすこと。姿勢が悪くて背骨が縮んでしまうと、腰の筋肉は硬くなり、お腹のお肉は縮んで余ってたるんでしまいます。まずは上半身をもとの位置に戻せるように腰からアプローチします。

2つ目は肋骨を閉じること。特に反り腰の人は要注意。姿勢をよく見せようと、胸を張るように腰を反らせていると、肋骨が前にパカッと開いた状態になります。そうするとウエストはくびれにくくなります。

最後に、姿勢が悪いことで縮んでしまったお腹の筋肉を伸ばすこと。腹筋を伸ばして肋骨と骨盤の距離をつくれば、くびれやすくなります。

＊ **肋骨の前側が開く**
反り腰や胸を反りすぎると、肋骨の下部がフレアスカートの裾のように広がってしまいます。するとアンダーバストが広く見え、くびれる空間がなくなり寸胴に見えます。

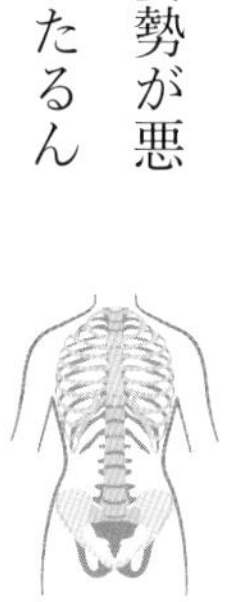
肋骨が閉じた状態

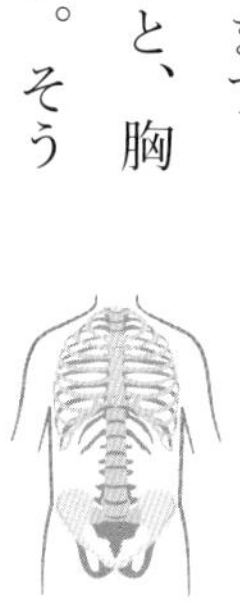
肋骨が開いた状態

{お腹}のストレッチ

1

くびれづくりのポイント

腰

1

仰向けになり、左の膝を 90 度に曲げて右脚とクロスさせて膝を右手で抑えます。

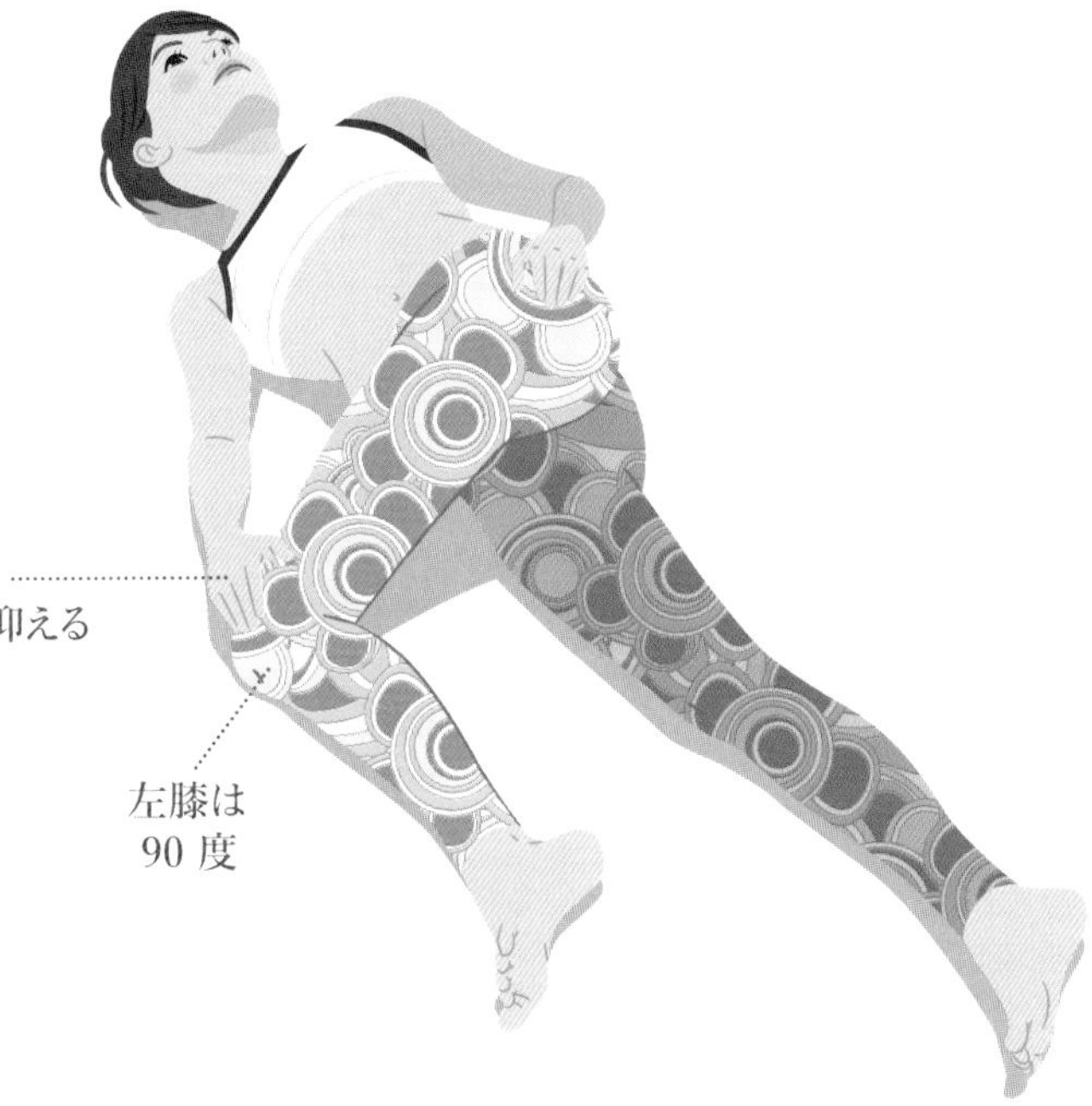
右手で
左膝を抑える
左膝は
90 度

効かせるのはここ!

［腰］

面積の広い腰の中でも脇腹に近いあたり。肋骨と連動する筋肉なので、緩めると肋骨が閉じやすくなります。

2

左膝が浮かないように床についたまま、左肩を床に近づけます。腰を伸ばして深呼吸をしながら 30 ～ 60 秒キープ。反対も同様に行います。

肩は床に近づける
手のひらは
床につける
右手で
左膝を抑えて
床につける

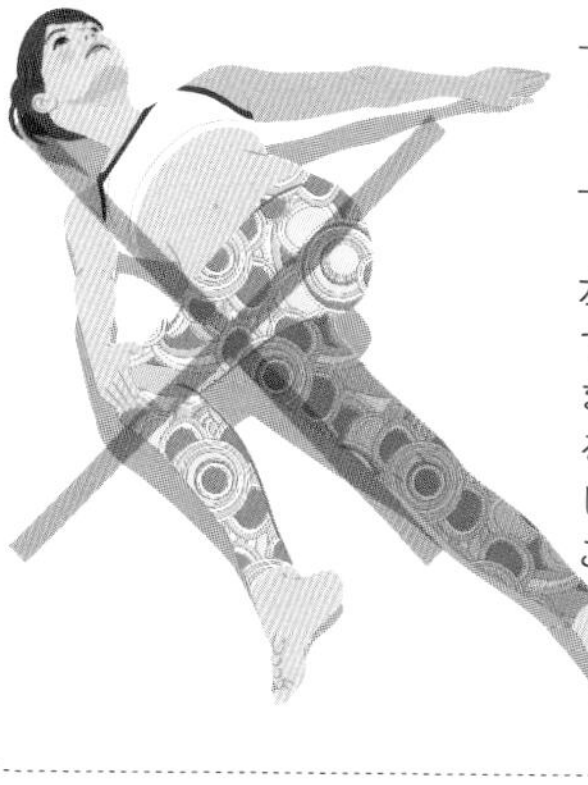

NG!

左肩を床につけようとすると左膝が浮き、腰まわりの筋肉を緩めることができません。しっかり左膝につけること。

Point

腰まわりをほぐし肋骨を閉じやすくしてくびれをつくる

背骨が縮んでたるんだ腰まわりを伸ばして、肋骨から骨盤までの距離を長くします。また肋骨と連動する筋肉なので、肋骨を閉じやすくなり、アンダーバストが引き締まって見え、くびれが見えやすくなります。

反り腰で緊張してしまう 腰

1

仰向けになり、手は床につけたまま、腰を上げて足先を頭の上にもっていき、つま先を床につけます。

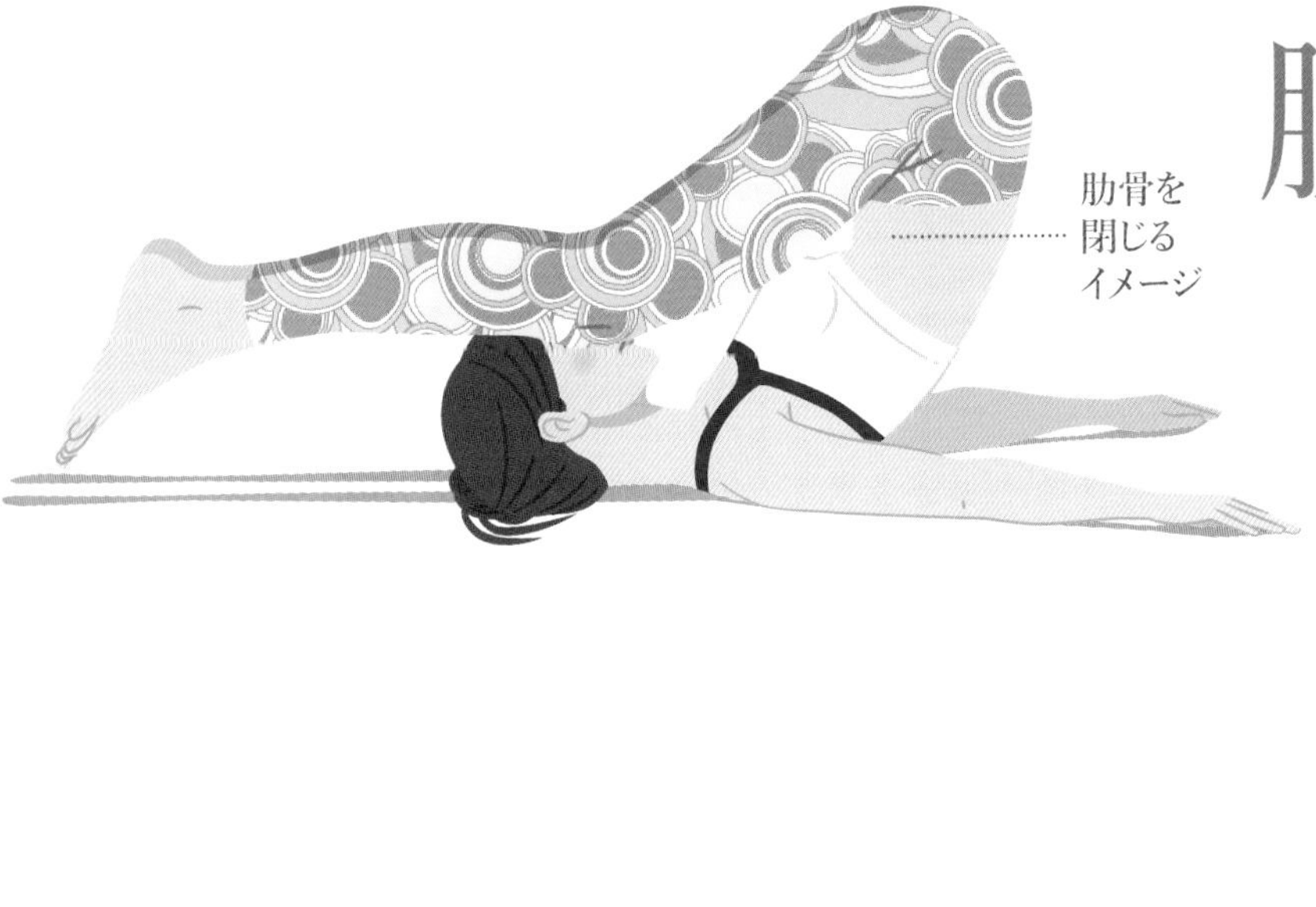
肋骨を
閉じる
イメージ

[腰]

反り腰で立っていると腰が縮み肋骨が前へ開いてしまうので、腰をゆるめる。

効かせるのはここ!

2

息を吸って吐きながら、脚を床から浮かせます。ゆっくり呼吸しながら 30〜60 秒キープ。

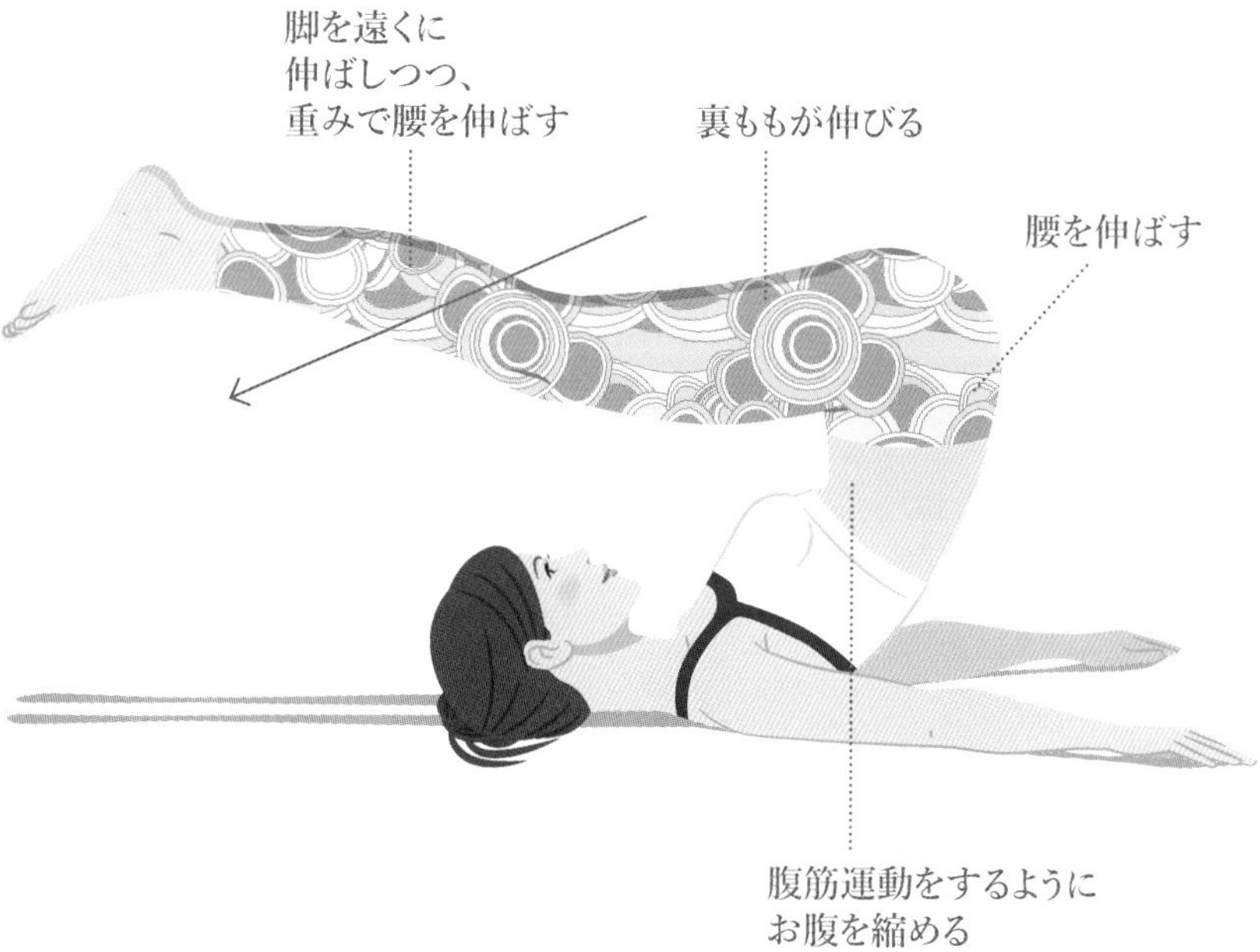
脚を遠くに
伸ばしつつ、
重みで腰を伸ばす
裏ももが伸びる
腰を伸ばす
腹筋運動をするように
お腹を縮める

Point

腰に硬さがある人は 呼吸を意識しながらじっくり伸ばす

反り腰の人は特に腰全体が硬くなりやすいので、重点的に行いたいストレッチ。息を吐きながら脚の重みで腰を伸ばし、体を縮めて肋骨を閉じます。

{お腹}のストレッチ

3

縮んでたるんでしまう

腹直筋

1

うつ伏せになり、ひじは 90 度に曲げて、手のひらは顔の横に置きます。全身リラックスして脚は軽く開きます。

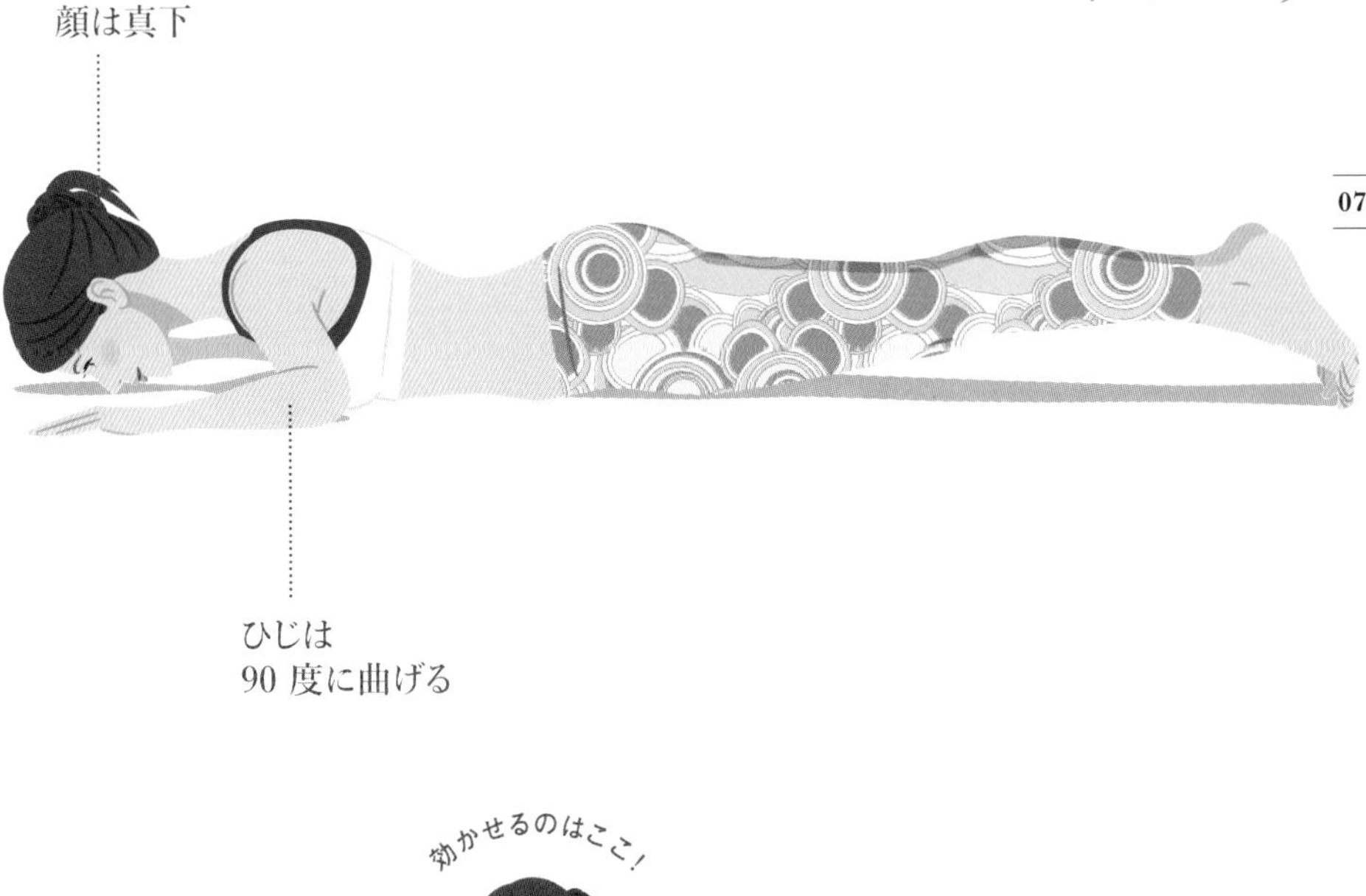
顔は真下
ひじは
90 度に曲げる

効かせるのはここ!

［腹直筋］

お腹の前面にある平たく長い筋肉。背骨が縮んで前かがみの姿勢になると縮んで硬くなります。

2

息を吸って吐きながらひじを伸ばします。胸を前へ突き出すようにして上体を起こし、30〜60 秒キープ。

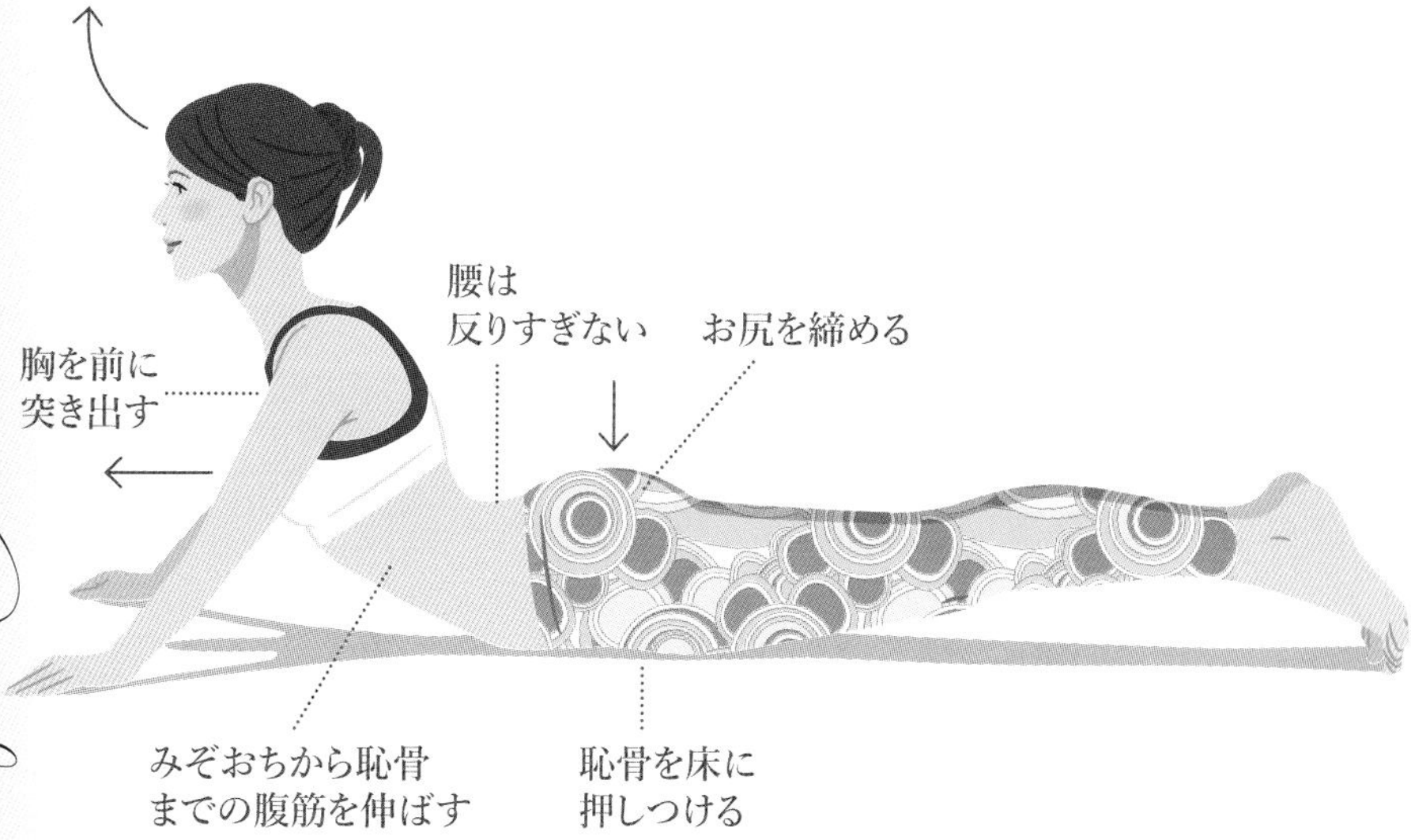
胸を前に
突き出す
腰は
反りすぎない
お尻を締める
みぞおちから恥骨
までの腹筋を伸ばす
恥骨を床に
押しつける

Point

腹直筋を伸ばして
肋骨と骨盤の距離を長くする

胸を突き出しながら縮んでいる腹直筋を伸ばし肋骨と骨盤の距離を長くして、くびれるスペースをつくります。腰を反りすぎないように恥骨を地面に押し付け、お尻に力を入れると、腰の負担が軽減します。

お尻×やせストレッチ

キュッと上がった
まあるいヒップで女を上げる

小さいだけじゃない、ほどよい丸みと上向きのお尻。
ヒップラインのわかるタイトなスカートも
ハイウエストのパンツも堂々とはけるのが嬉しい。
セクシーなお尻はどんなボトムも着こなせる！

ヒップラインが
美しいと
ニットスカートが
よく似あう
ハイウエストのワイドパンツも
意外とお尻のカタチが
目立つんだよね…
やせたいけど
おしりは欲しいの
ヘンペ〜イ
ただ細いのではなく
めりはりのある
ラインが理想

Stretch Method

たるんだお尻には股関節の調整がカギ

お尻は使わないとどんどん肥大化して横に広がる

ボディラインの中でも、お尻は特に年齢とともに変化が大きいパーツ。垂れる、平たくなる、横に広がる、脂肪がついてセルライトができる……。

背中や太もも、お尻は人間の体の中でトップ3と言われる大きな筋肉です。下半身の美しいフォルムを決定づけるのは、お尻の筋肉だと言っても過言ではありません。体の土台である骨盤を股関節で支えるお尻の筋肉がきれいについているだけで、その上のお尻の脂肪の形も整って見えるのです。

日常生活で「お尻の筋肉を使っているな」と実感できていますか？　階段をのぼれば前ももが、歩けばふくらはぎが疲れる。本来は使われるべきお尻の出番が減ると、お尻は垂れてももやふくらはぎは逞しくなり、理想とは遠い形になるのです。

外にも内にも股関節をねじって正しいポジションに戻す

お尻を小さくするには、ハードな筋トレよりも、実は「立つ」「歩く」といった日常生活の動作でお尻を使えることが重要です。そのために注目すべきは股関節の使い方＊。

お尻が横に広がっていたり垂れていたりする人の共通点は、股関節が内側にねじれていること。これを内旋といい、太ももの骨が前や横に張り出して、外ももや前ももばかりを使って歩いてしまいます。股関節を外にねじる、つまり内旋の反対で外旋させて正しいポジションに戻すと、連動するお尻の筋肉を使って歩いたり立ったりできるようになります。さらに、たるみがちな太ももの内側の筋肉が使いやすくなります。仕上げは股関節を内側にあえてねじる、内旋させることで、正しい位置に戻ろうと股関節が外旋する動きが働いて、正しいポジションへの矯正が完了です。

＊ **股関節の使い方**
股関節は外へねじる外旋、内にねじる内旋、脚を引き上げて曲げる屈曲、後ろに伸ばす伸展、外へ開く外転、内に閉じる内転の6つの動きができます。どの動きも同じようにできて股関節がスムーズに動くことが理想です。

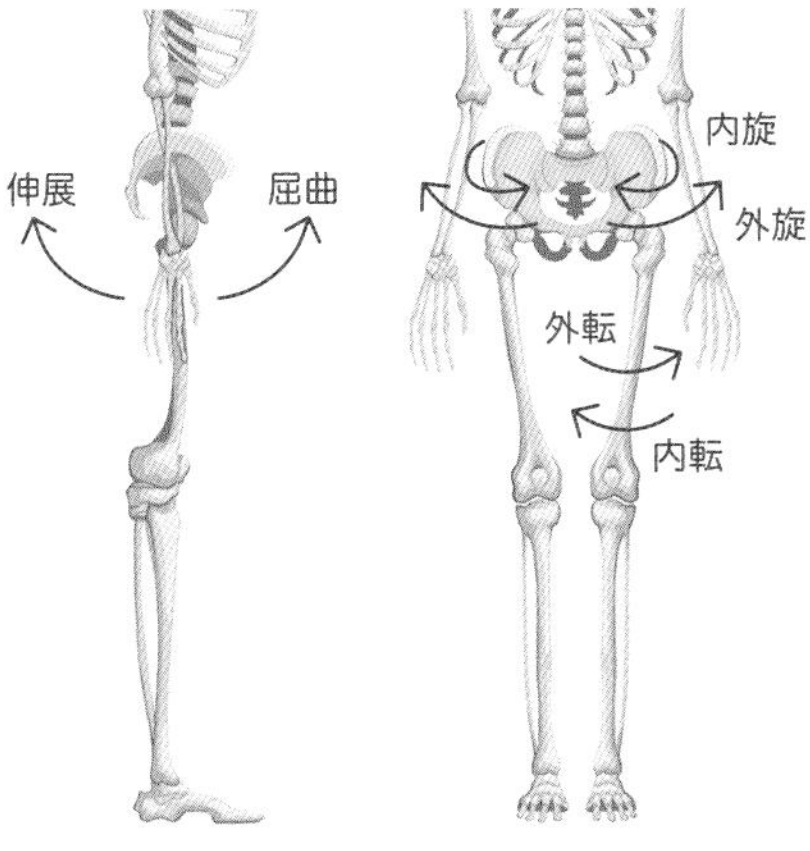

{お尻}のストレッチ 1

内ももを正面に向ける 股関節の外旋

1

両手、両膝を床につき、右膝を 90 度に曲げて前に出します。手は肩の下について骨盤を前傾させます。

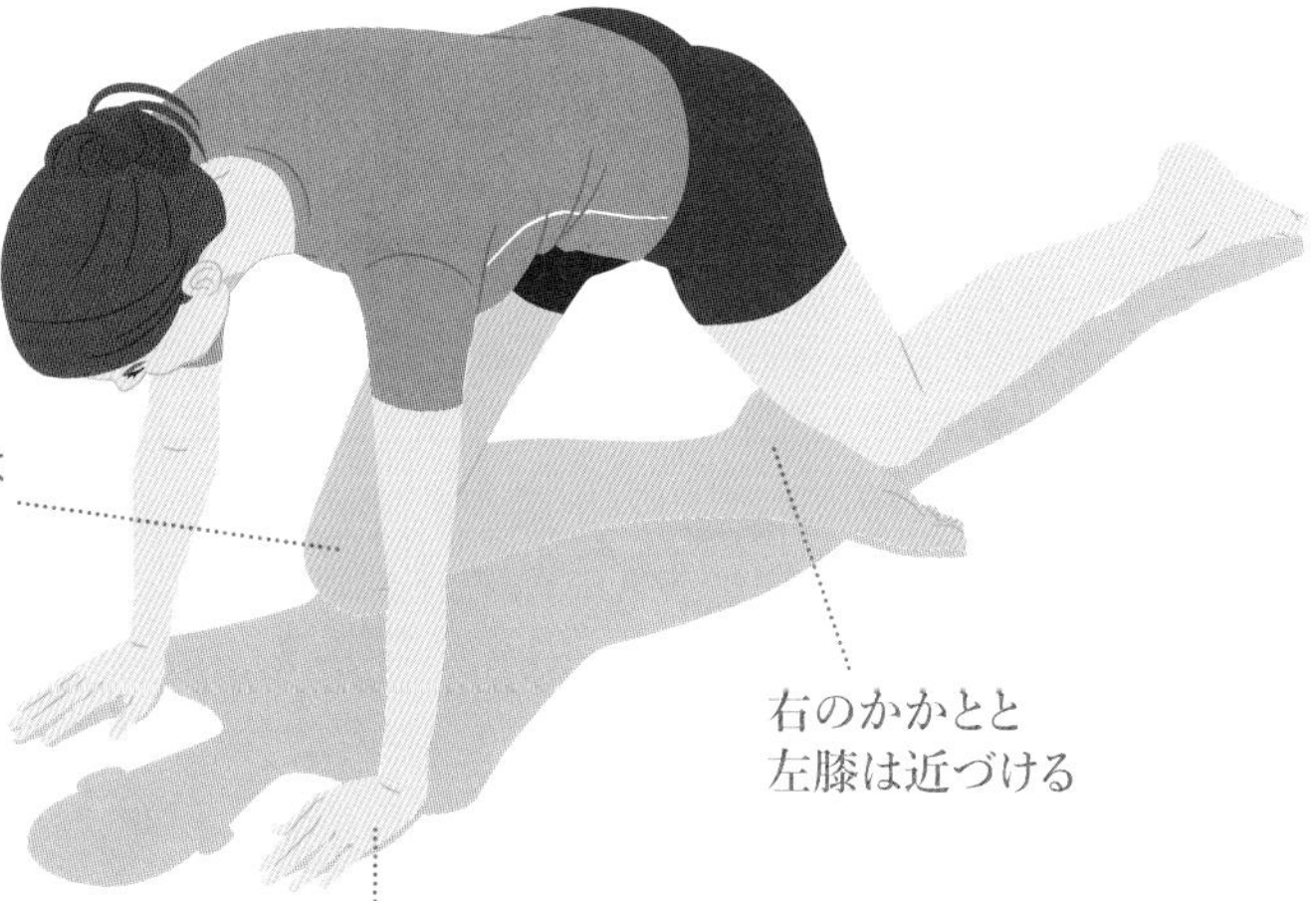
右膝は
90 度
右のかかとと
左膝は近づける
手は肩の真下につく

効かせるのはここ!

［股関節］

骨盤と大腿骨をつなぐ関節。上半身の重さを支えつつ、下肢の動きを支配する重要な役割がある。

Back

お尻は浮かせたままにする。

2

ひじを曲げて床につき、股関節を外にねじりながらお尻を右にスライドさせ 30 ～60 秒キープ。反対も同様に行います。

股関節を外に
ねじりながらスライド
お尻は
床につけない
右脚を曲げられない人は
90 度より緩くても OK

NG!

左の膝を伸ばすと、お尻は伸びるが右の股関節を奥にはめ込みにくく、深部の筋肉は伸びにくい。

Point

骨盤の奥に股関節をはめ込む感覚で行う

股関節を外にねじることで、股関節と連動するお尻の奥のほうのインナーマッスルが伸びていることを意識します。また、右の股関節を骨盤にはめ込むようなイメージでストレッチしましょう。

{お尻}のストレッチ

2

たるみがちな太ももの内側

内転筋

1

脚を開いて床に膝をつき、手のひらも床について上体を前へ伸ばします。股関節は外側にねじります。

股関節を
外にねじる
つま先をくっつける

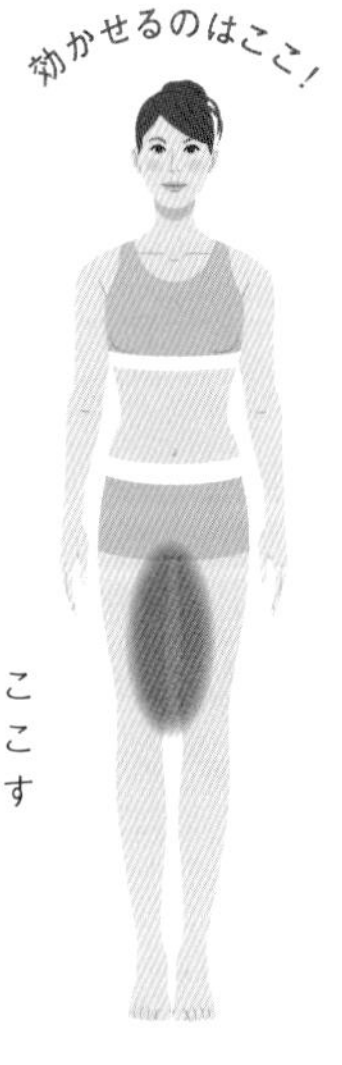
効かせるのはここ!

［内転筋］

太ももの内側の筋肉。この部分の筋肉を鍛えることで、股関節が使いやすくなります。

2

お尻を締めながら体を前方へスライドさせ、膝を伸ばして2秒キープし、1に戻る。これを10往復行う。

お尻を締める
足はなるべく
浮かないように

NG!

膝下が上がったり、腰が反りすぎたりすると、股関節を動かすのではなく、体を前へスライドさせるだけになってしまいます。

Point

お尻に力を入れて股関節の曲げ伸ばしの動きをスムーズにする

股関節を外にねじって外旋させながら、股関節を伸ばしたり曲げたりすることで、股関節を骨盤にはめやすくなります。

{お尻}のストレッチ

3

外にねじりやすくする

股関節の内旋

1

床に座り、膝は曲げて股関節を内にねじって内股にします。手は体の後ろについて腰を丸めます。

膝と膝の間は
こぶし１個分あける
腰を丸める
足は膝より外側に

［股関節の内旋 ］

股関節を内側にねじる動き。内旋させながら股関節を入れる動きをすることで、内旋時に外側へ引っ張る筋肉を伸ばし、正しいポジションへ戻します。

効かせるのはここ！

2

左膝を内側に倒して浮くぎりぎりまで床に近づけたら、反対側の脚も同様に行う。左右交互に 10 回。

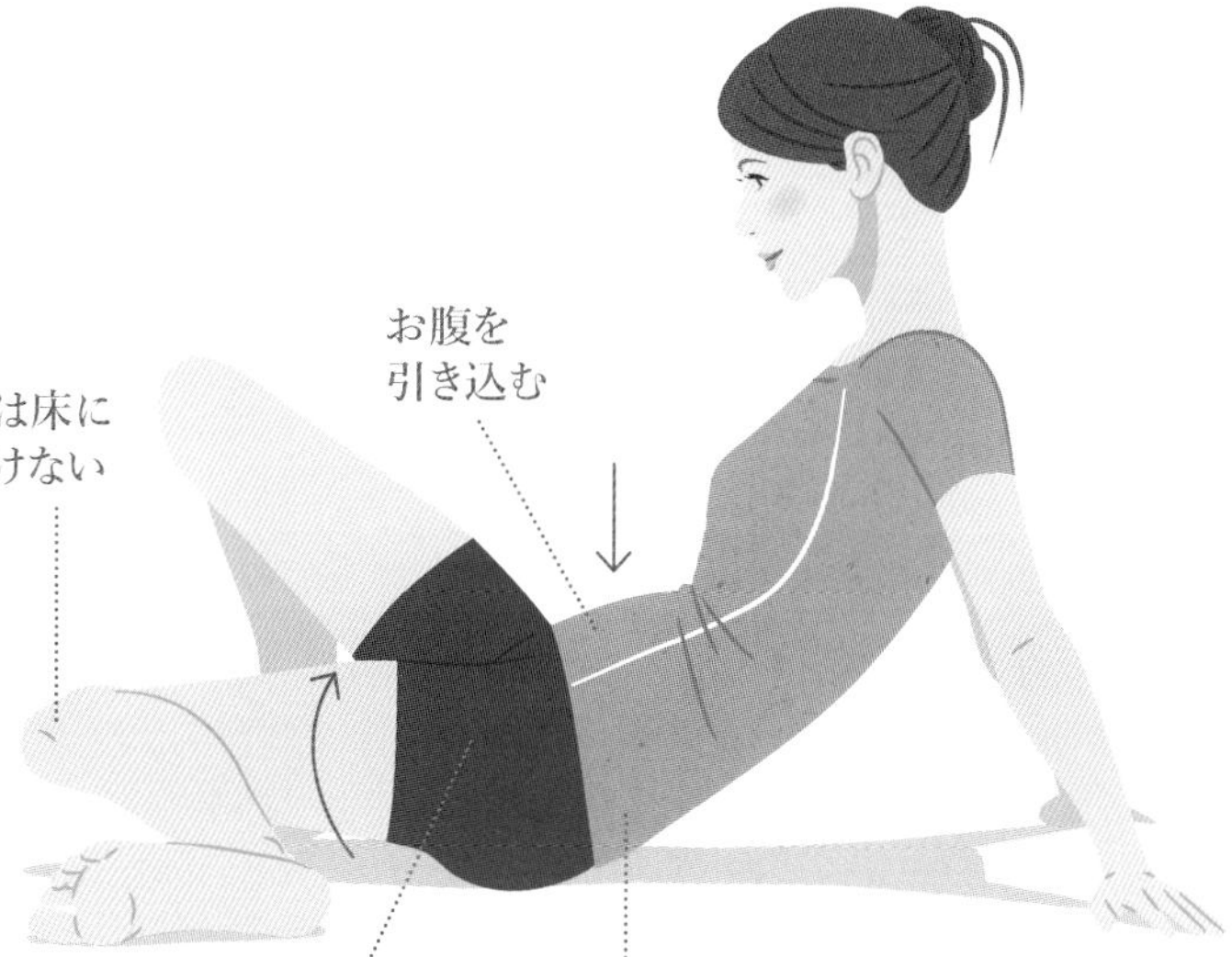
お腹を
引き込む
膝は床に
つけない
股関節を
内側にねじる
腰は丸めたまま

NG!

膝を床につけようとすると腰が反ってしまいます。股関節を内側には動かせますが、股関節が正しくはまりません。

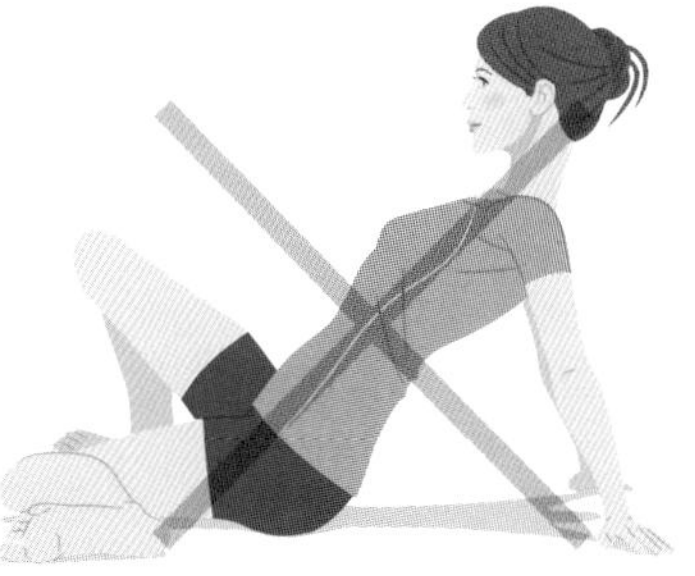

Point

脚の根元を内側にねじって股関節をはめる

1 のストレッチは股関節を外にねじった状態で股関節をはめますが、2 では股関節を内にねじってはめます。両方を行うことで、股関節が正しいポジションになり、股関節と連動するお尻の筋肉を使う感覚が身につきます。

太もも×やせストレッチ

どんなボトムも選び放題のスッキリ太ももを自慢したい

クローゼットの奥にあるキツキツのスリムパンツ。
もう一度、自信を持ってはけるのが目標。
そして、できれば自分に合うパンツを探すよりも、
どんなパンツでもはきこなせる美脚になりたい。

スリムなパンツをはくと
太ももが気になって…
長めのアウターで
隠しがちだったけど

太ももスッキリしたら
したいバランス

短め
ジャケット
×
スキニー
ブーツカット

色あせデニムもキレイに
着こなせるようになる！

Stretch Method

太もものラインを整えるのは張りとたるみの解消

前張り外張り脚の原因は股関節にあり

太ももの理想のラインは、適度に筋肉がついていてまっすぐであること。しかし、最も多い悩みは、太ももの外や前は張り出しているのに、裏ももや内ももはたるんでいるというバランスの悪い脚です。このような脚は実は日常生活の中での立ち方や歩き方がつくり上げてしまっています。

外や前ももが張ってしまうのは、お尻が垂れて丸みがなくなる、横に張り出すのと同様の原因で、股関節の内側へのねじりが強く出ているから起こること。股関節が内にねじれると、太ももの骨は前や横に張り出して、それに合わせて外側や前側に体重をかけやすくなるため、そこに筋肉がつき脂肪がついて前張り外張り脚になります。

一方で、太ももの内側や裏側、お尻の筋肉をあまり使わずに立ったり歩いたりすることにもなるので、この部分の筋肉は衰え脂肪がつきやすくなって、代謝が悪くなります。

股関節を正しい位置にはめる

お尻と太もものボディメイクは切り離せない関係で、共通項は股関節のポジションです。正しければどんな動きも差がなくできるようになります。

股関節は骨盤のくぼみに、太もも骨の上端がはまっている部分です。ところがこれがうまくはまっていないと引っかかりを感じて、足踏みがスムーズにできないなどといった不具合が生じます。多くの女性は股関節が内側にねじれてはまっているため、太ももの骨が外に張り出してＯ脚になる、外張り脚になるといったことが起こります。股関節が正しい位置にはまれば、内ももや裏ももは使いやすくなり、外ももや前ももの負担は減り、適度に筋肉のついたまっすぐな脚になれるのです。

{太もも}のストレッチ

1 脚を引き上げる 腸腰筋・大腿直筋

1

右脚を一歩踏み出して膝を 90 度に曲げて腰を落とします。左の膝も曲げて床につけ、骨盤を前にスライドさせながら 30 ～ 60 秒キープ。反対も同様に行います。

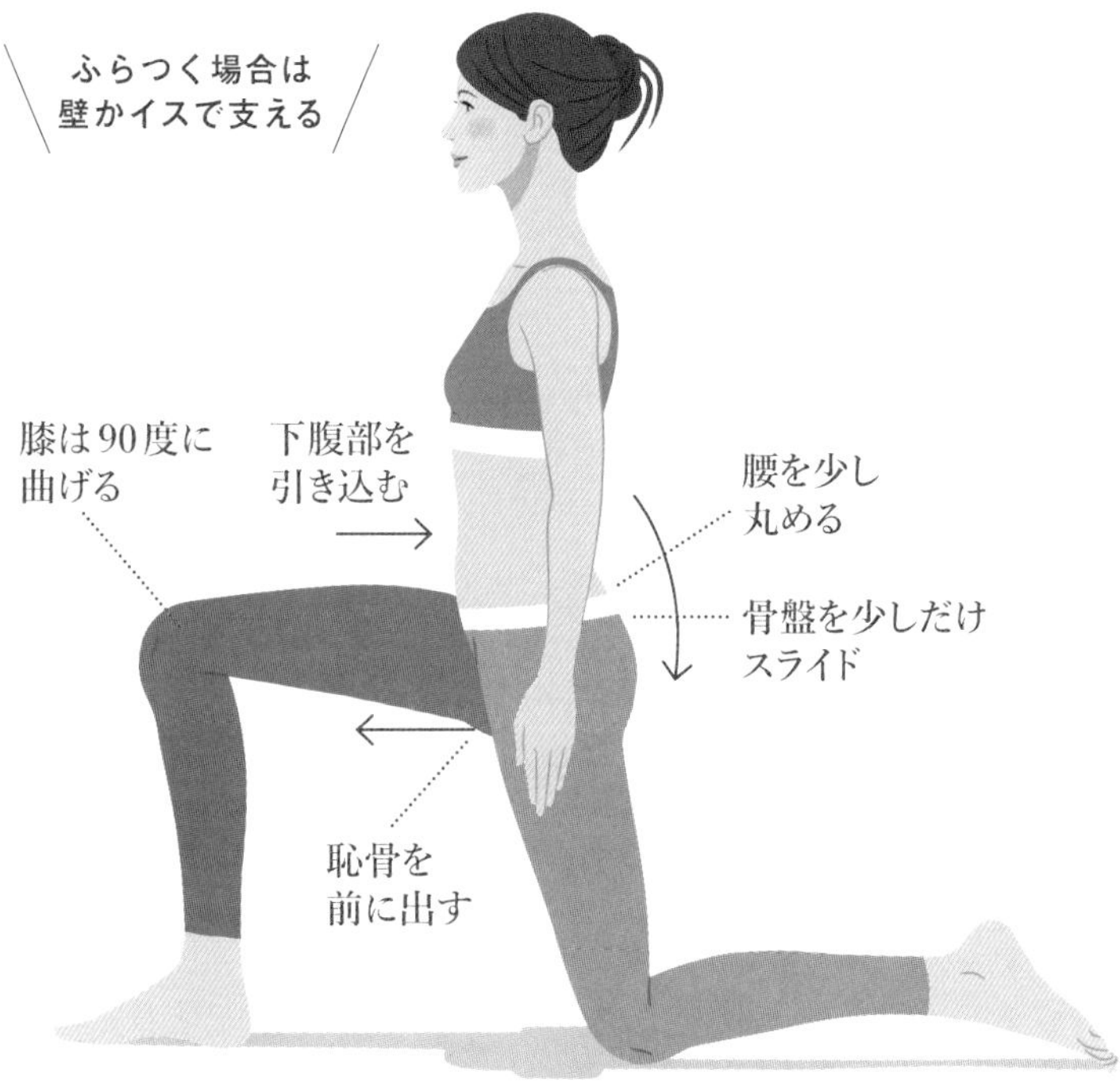

ふらつく場合は
壁かイスで支える
膝は90度に
曲げる
下腹部を
引き込む
腰を少し
丸める
骨盤を少しだけ
スライド
恥骨を
前に出す

効かせるのはここ!

［大腿《だいたい》直《ちょっ》筋《きん》］

太ももの前部分。つま先に体重がかかっていたり、股関節が内にねじれたり、O 脚だったりするとここに体重がかかりやすく、ハリ感が強く出やすい場所。

効かせるのはここ!

［腸腰筋《ちょうようきん》］

背骨と太ももをまたぐ筋肉で、上半身と下半身をつなぐ重要な役割があります。立ちっぱなし、座りっぱなしの姿勢が長いと硬くなりやすい。

2

左の足首を左手で掴み、太ももの前を伸ばして 30 ～ 60 秒キープ。反対も同様に行います。

ふらつく場合は
壁かイスで支える
下腹部を
引き込む
骨盤を
後ろへ倒す

NG!

体を前に大きくスライドさせてしまうと鼠径部はある程度は伸びますが、骨盤が前傾して股関節が正しい位置にはまりません。

Point

前ももは骨盤を後傾させて伸ばす

ももの前の筋肉は骨盤を前傾へ引っ張るので、それをゆるめることで前ももの緊張をとります。

{太もも}のストレッチ

2

たるみとセルライトの集合場所

ハムストリング

1

右脚を一歩踏み出し、膝を 90 度に曲げて腰を落とします。左の膝も曲げて床につきます。痛いようなら膝の下にクッションを敷いても OK です。

上体は
まっすぐに
膝は90度に
曲げる

効かせるのはここ!

[ハムストリング]

股関節の動きが悪いと、使いにくくなってしまう裏もも。硬くなりがちな部分なので、しっかりほぐします。

2

右膝を前に伸ばしてかかとをつき、股関節から体を折るようにして上体を少し倒して 30 ～ 60 秒キープ。反対側も同様に行います。

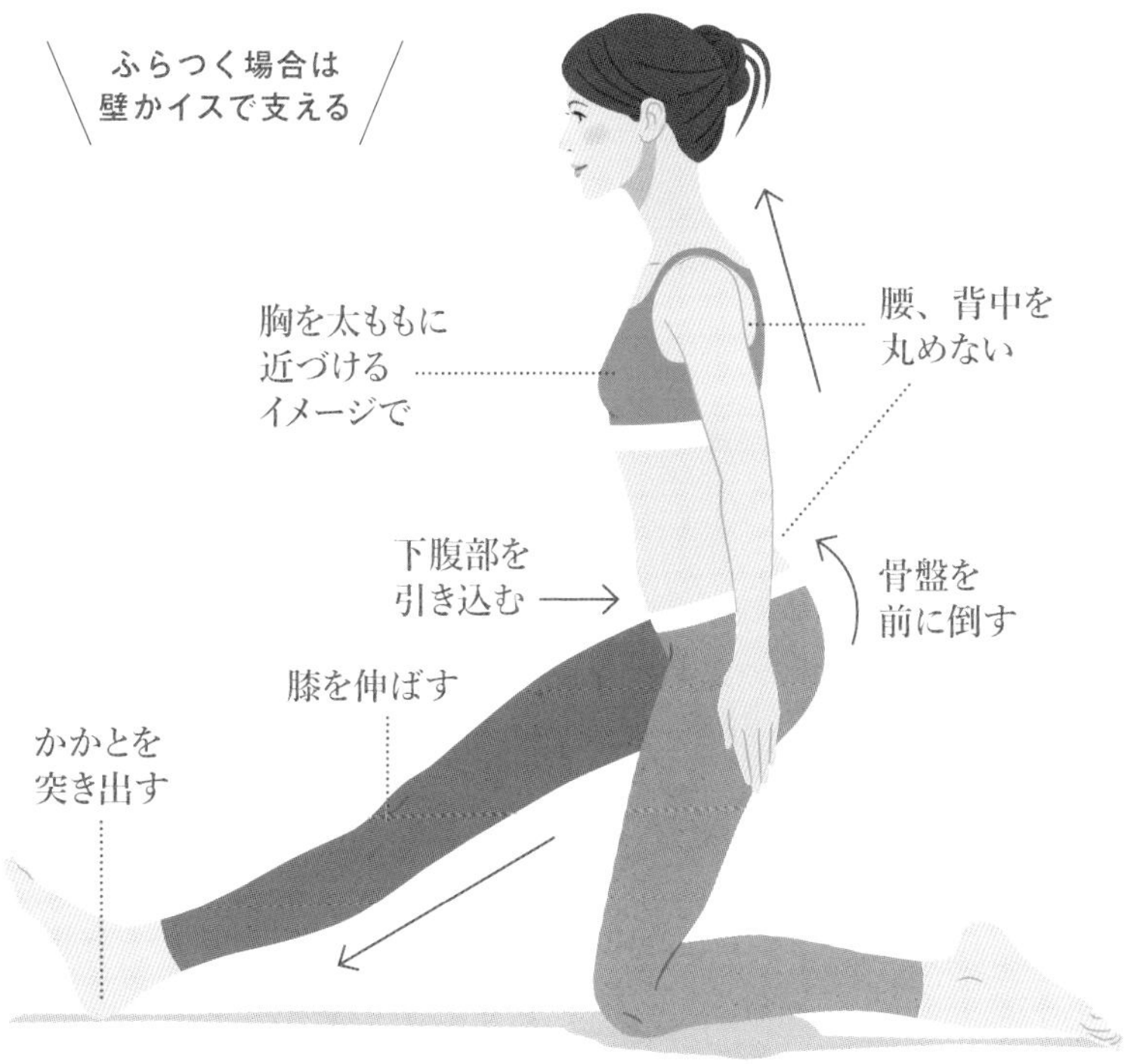
ふらつく場合は
壁かイスで支える
胸を太ももに
近づける
イメージで
腰、背中を
丸めない
下腹部を
引き込む
骨盤を
前に倒す
膝を伸ばす
かかとを
突き出す

NG!

腰が丸まって、上体が前に倒れすぎてしまうのはNG。裏ももは多少伸びますが、股関節を骨盤にはめられません。

Point

股関節を骨盤に押し込みながら裏ももを伸ばす

骨盤を後ろに引くようにして体を前に倒すことで、裏ももがしっかり伸びます。同時に反対の脚の股関節を骨盤にはめます。

{太もも}のストレッチ 3 たるむと使いにくくなる内転筋

1

右膝は曲げて床につき、左脚は真横に伸ばします。右膝は痛ければクッションを敷きましょう。手は腰に当てます。

骨盤は立てる
股関節は外にねじる
つま先は天井に向ける

効かせるのはここ!

［内転筋］

太ももの内側の筋肉。脚を閉じて、脚を中央に集めてまっすぐ美脚に見せるのに重要な部分でもあります。

Side

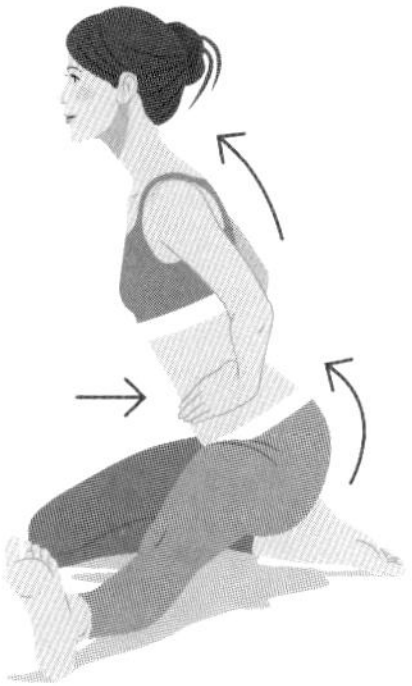

2

骨盤を前傾させて体を前に倒して 30 ～ 60 秒キープ。反対も同様に行います。

骨盤をしっかりと前傾させた姿勢をとり、お尻を後ろに引くのはほんの少しでＯＫ。

背中は丸めない
骨盤は前傾させ
お尻を引く
つま先は
天井に向ける
下腹部を
引き込む

NG!

腰が丸まると内転筋が伸びません。またつま先が前に倒れてしまうと、股関節を外にねじる矯正ができないので、つま先は天井に向けます。

Point

内ももを伸ばしつつ股関節を外にねじる

つま先を上に向けると、股関節は外にねじった外旋した状態に。うまく使えていないため硬くなってしまった内ももを伸ばします。

ふくらはぎ×やせストレッチ

スカートの裾から美ラインをチラ見せ

スカートからチラリとのぞく、すらりとまっすぐで細いふくらはぎは、スタイルのよさが際立ちます。ヒールの高いパンプスによく似合った引き締まった足首で軽やかに颯爽《さっそう》と歩く姿は凛々しささえも感じさせます。

わたし的

休日に近所バルでしたいスタイル1位

きれいめスウェット

×

光沢感のある
ミモレ丈スカート

上品なミモレ丈から
のぞく引き締まった
ふくらはぎは至高✧

プクプクしたふくらはぎで
ミモレ丈って難しいのよね…

ココ

一番太い部分で
切られるから ヒー

Stretch Method

ふくらはぎと足首にアプローチしてししゃも脚を卒業

足首がまっすぐに使えないとししゃも脚になる

ふくらはぎだけが逞しい、いわゆるししゃも脚の原因は、足関節や足指の関節の使い方に問題があります。ふくらはぎと足をつなぐ足関節、つまり足首は、曲げたり伸ばしたり、内側や外側に回旋したりといろいろな動きができ、それを組み合わせることで歩いたり走ったりします。しかし足首をまっすぐ動かせないと、地面を蹴って歩いてしまったり、ふくらはぎの外側に体重がかかりやすくなったりして膝下の2本の骨である*脛骨と腓骨が離れてしまい、ふくらはぎが太く見えます。

また足首が不安定だと、着地時に足の親指の付け根に体重をのせられず、バランスを崩して地面をひっかいて歩いてしまい、ふくらはぎの筋肉が発達して、ししゃも脚まっしぐらというわけなのです。

足指の関節で地面を感じられると ふくらはぎは細くなる

まずすべきは足首をまっすぐにして、足の親指の付け根に体重をのせる感覚を知ること。自分の今の歩き方がいちばんラクだと思いがちですが、まずその固定概念を捨てて、足を蹴り出す直前にどこに体重がのっているかをしっかり意識しましょう。親指の付け根に体重をのせられると、ふらつきがなくなりバランスよく歩くことができます。反対に体重をのせられないと、ふらつきを筋肉で支えるので、ふくらはぎやすねの筋肉は硬くなります。しっかり伸ばしてケアすることが大切です。

足指に体重がのる感覚がわかると、すねやふくらはぎの張り感をやわらげる歩き方ができるので、長時間歩いても脚の疲労感は減るし、むくみも軽減。腓骨と脛骨の幅が狭くなり、すっきりとしたふくらはぎになります。

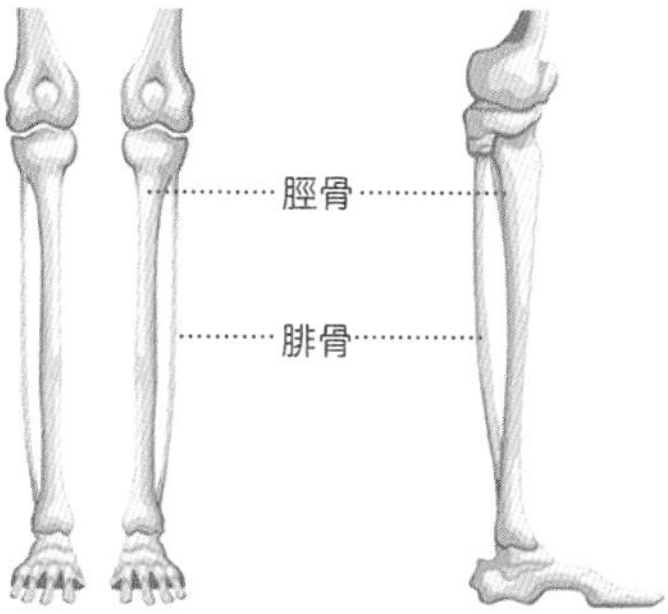

＊ **脛骨《けいこつ》と腓骨《ひこつ》**
ともに膝下からかかとまである骨。脛骨は前側にあり、皮膚の上から触ってもわかります。腓骨はふくらはぎの外側にある細い骨です。この2本の骨の幅がふくらはぎの横幅になります。

{ふくらはぎ}のストレッチ

1

地面と接して体重を支える MP関節

Side

正座をしてつま先を立てます。親指の付け根に体重をのせることを意識して、手でかかとを抑えて足裏を伸ばし、30 ～ 60 秒キープ。

親指の
付け根に
体重をのせる

［MP関節］

足指の付け根にある関節で、歩くときにしっかり曲がって指に体重がのるのを助けます。MP 関節を正しく曲げることで足裏の筋肉がストレッチされます。

効かせるのはここ！

Back

足指の関節がしっかり曲がって、足指で体重を支えているのがわかります。

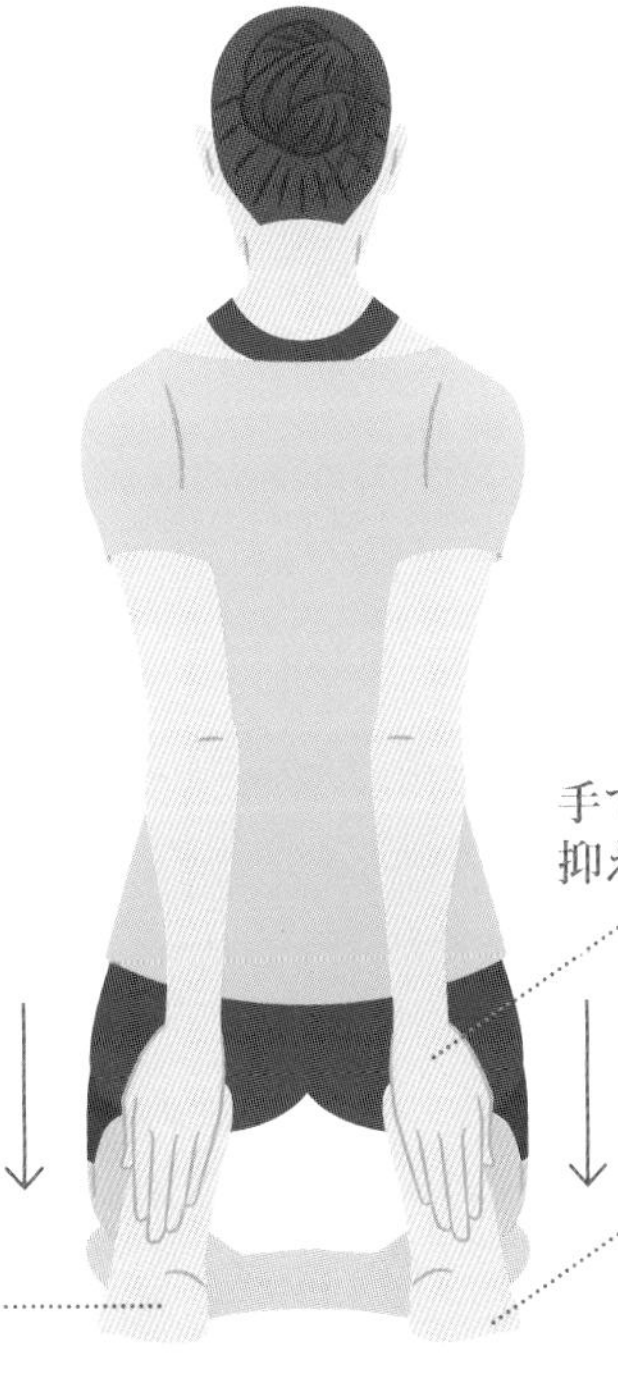
手でかかとを
抑えつける
親指とかかとの
内側を床と垂直にする
足指の関節が
曲がっている

NG!

親指の付け根ではなく、小指側に体重がのってしまうのはNG。ふくらはぎの外側の筋肉でバランスをとろうとして負担がかかり太くなります。

Point

足の親指に体重をのせるとバランスが整う

立ったときに、土踏まずがつぶれて、母指球だけに体重がのっている人が多い。土踏まずをつぶさずに、他の４本の指に体重がしっかりのっていると、足元へ体重を均等にのせることができます。

{ふくらはぎ}のストレッチ

2

疲労とむくみが気になる

ふくらはぎ

Side

右脚を一歩前に出し、手のひらは壁につけ、左のふくらはぎを伸ばしながら 30 〜 60 秒キープ。反対も同様に行います。

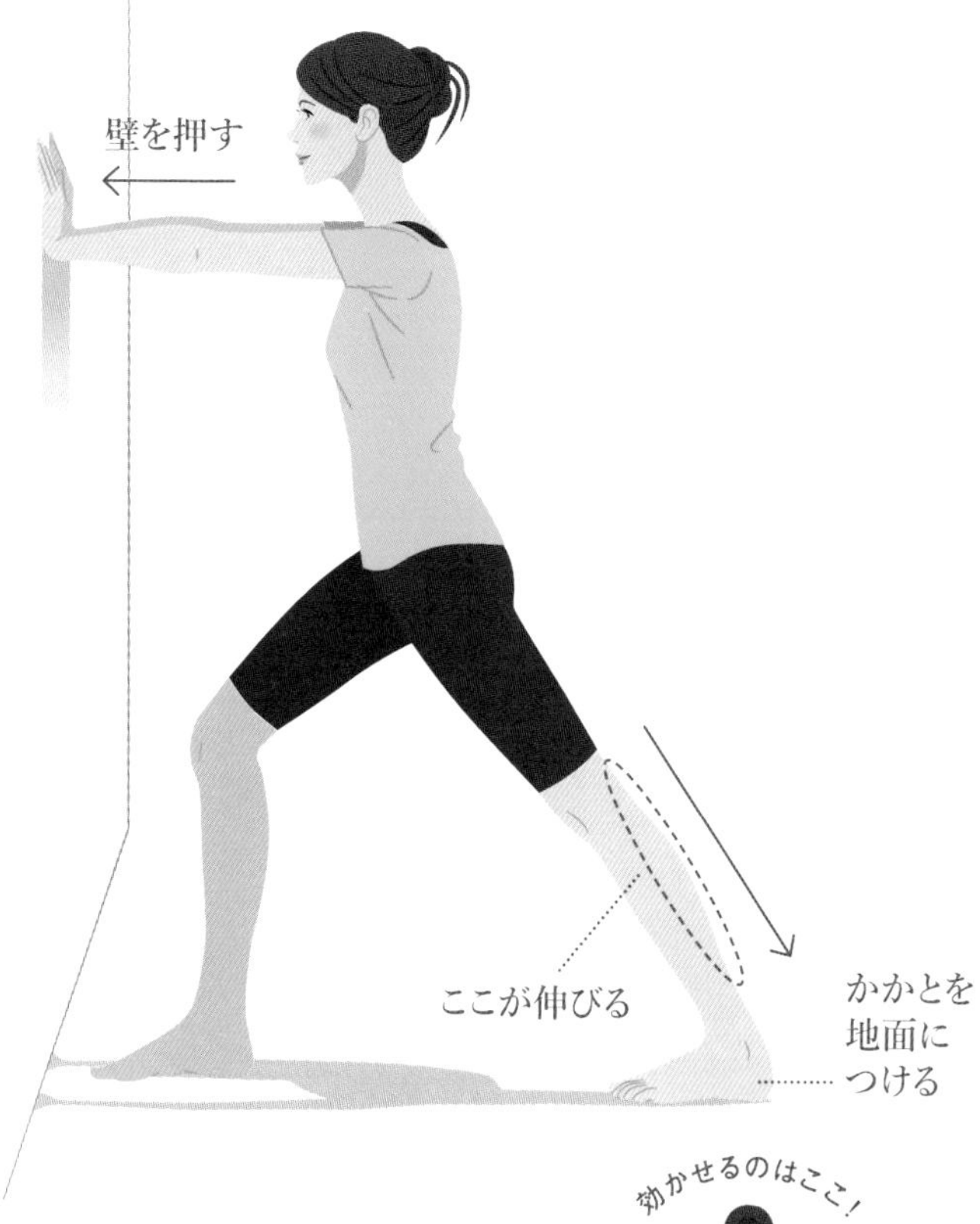
壁を押す
ここが伸びる
かかとを
地面に
つける

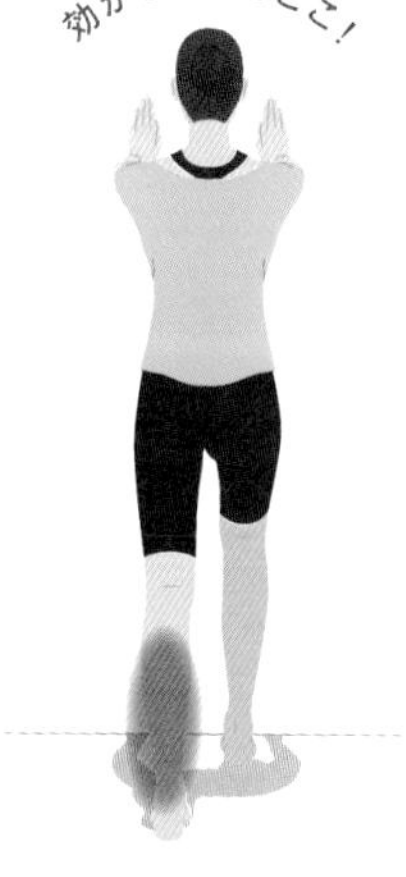
効かせるのはここ!

［ふくらはぎ］

膝裏からアキレス腱まであり、ふくらはぎの表層部にあるのが腓《ひ》腹《ふく》筋《きん》。その下にあるのがヒラメ筋。この２つの筋肉を合わせてふくらはぎです。

Back

股関節、裏もも、膝、ふくらはぎ、かかとが一直線になるように、ふくらはぎを伸ばします。

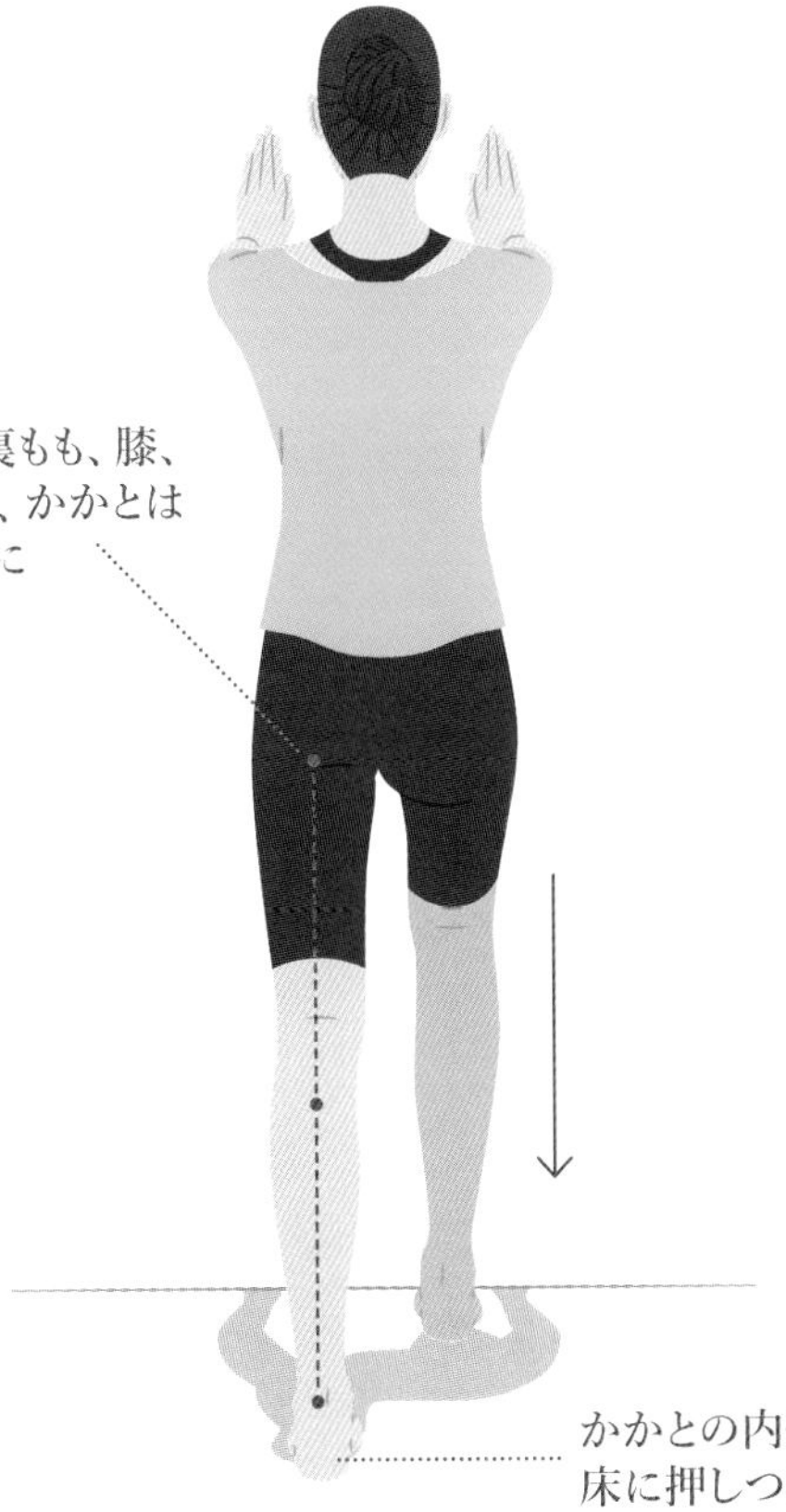
股関節、裏もも、膝、
ふくらはぎ、かかとは
一直線上に
かかとの内側を
床に押しつける

NG!

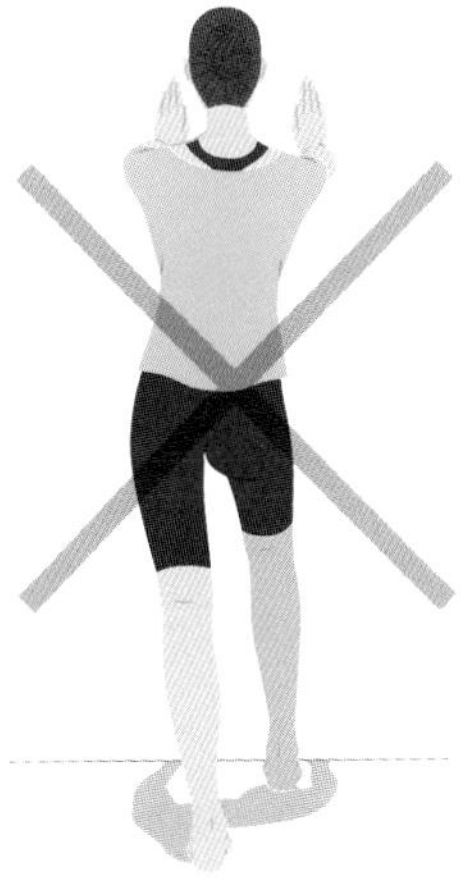

伸ばしているふくらはぎ側に腰が逃げてしまうと、ふくらはぎをうまく伸ばせません。体はまっすぐに保ちます。

Point

使いすぎのふくらはぎの筋肉をほぐしてむくみや疲労を解消

地面を蹴って歩いてしまうと、ふくらはぎで加速していることになり、負担が大きくなります。むくんだり、疲労感が出たりするので、しっかり伸ばしてほぐします。

{ふくらはぎ}のストレッチ

3

張り感が出てカチカチに

前脛骨筋

Side

左脚を一歩後ろに引いて、つま先を床につけて足の甲とすねを伸ばして 30 ～ 60 秒キープ。反対も同様に行います。

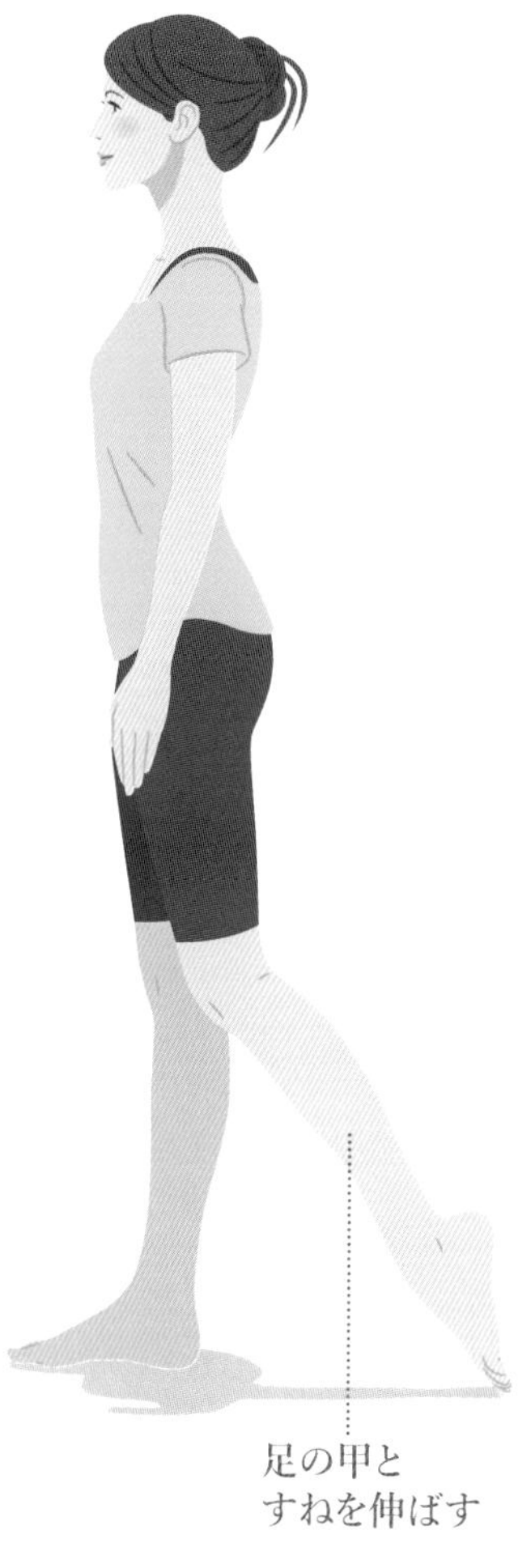

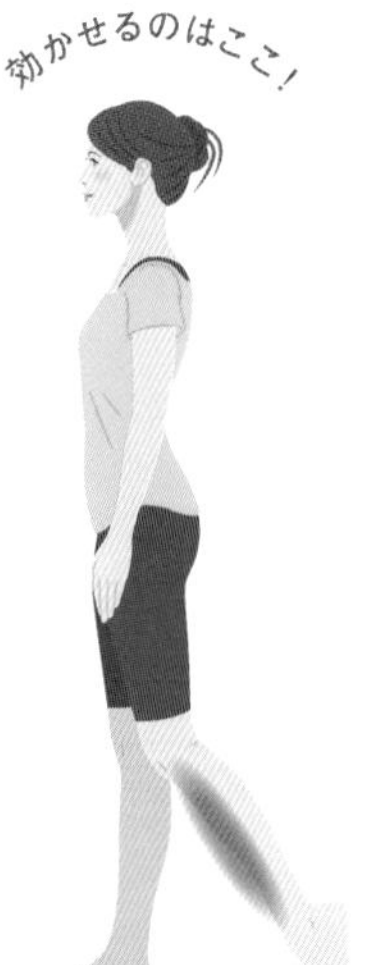

［前脛骨筋《ぜんけいこつきん》］

足指を上げるすねの筋肉。ここが硬くなると、歩くときに足首をまっすぐ使えなかったり、膝からつま先がねじれてしまったりして、スムーズに歩けません。

Back

後ろから見ると、すね、かかと、親指が一直線上になるようにします。

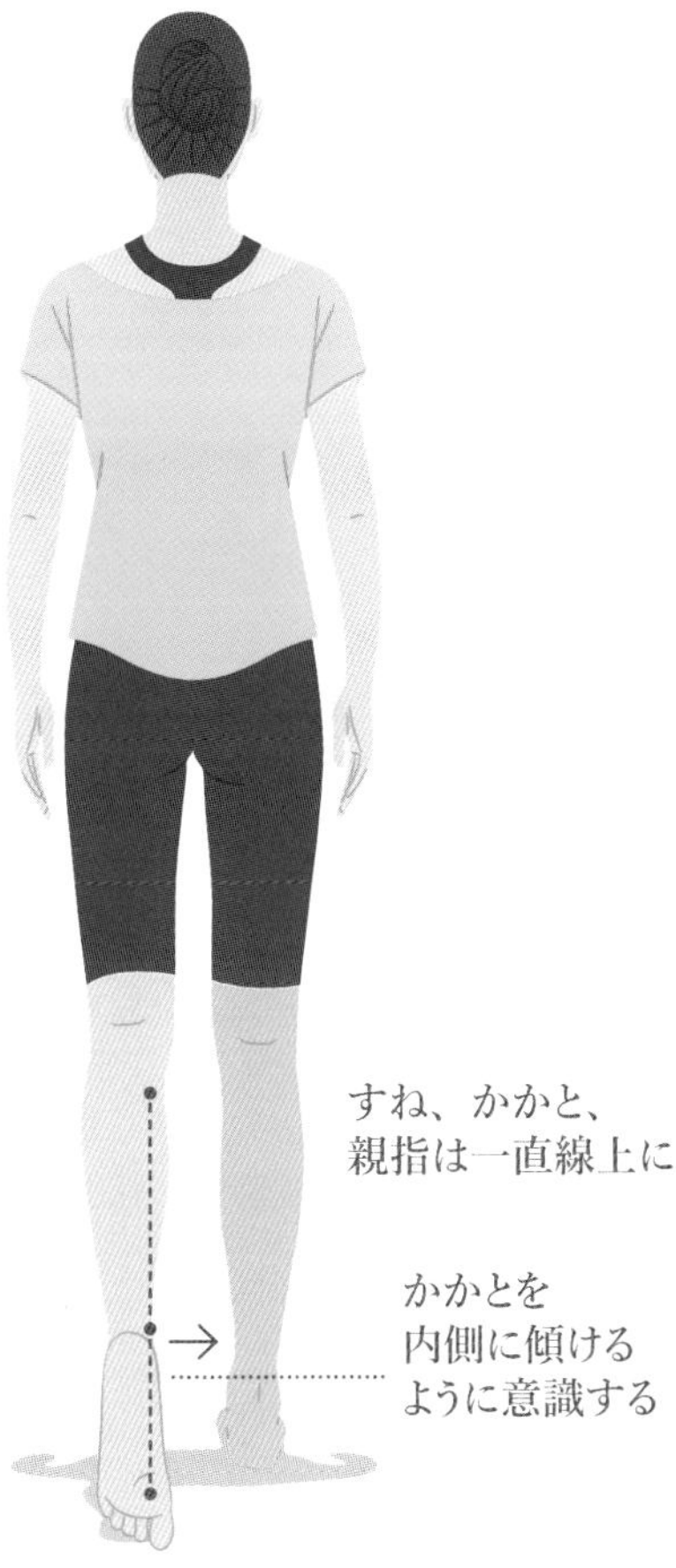
すね、かかと、
親指は一直線上に
かかとを
内側に傾ける
ように意識する

NG!

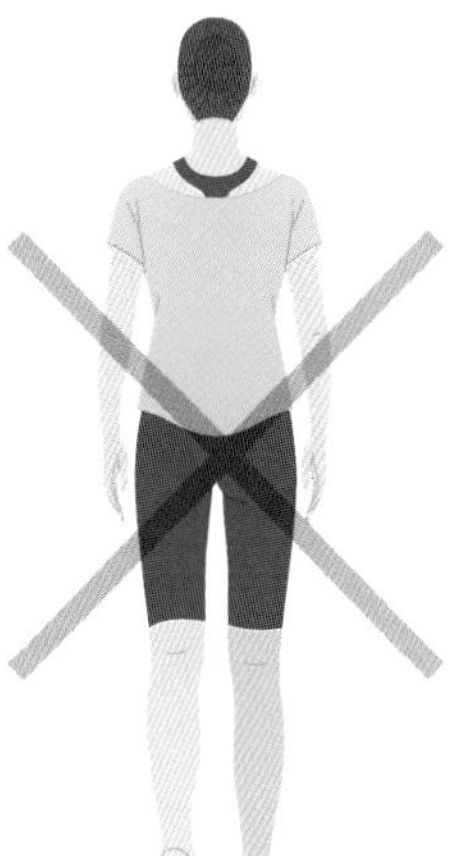

親指の付け根に体重がのらず、小指の付け根に傾いてしまうと、地面を蹴って歩く動作になってしまいます。

Point

足首の正しい使い方の感覚を得ながらすねをほぐす

足首をまっすぐにした状態を保ちつつ、すねを伸ばします。前脚が着地して、後ろ脚もまだ地面についている徒歩の動きの一部を切り取った姿勢です。

Chapter

03

いつでも、どこでも！シチュエーション別ストレッチ

ule Stretch

森式ストレッチは、一度に長時間かけてやみくもに行うよりも、
長い期間コツコツと続けることを重視しています。
「たまにするストレッチ」ではなく、
毎日続ける——そのためには、
生活の中に無理なく組み込んで、習慣化しましょう。
この章では、移動中やオフィスなど外出先でもできるストレッチや、
おうちのさまざまなシチュエーションでできる
ストレッチを紹介します。
自分のライフスタイルに合わせて、
気になる部位のストレッチを頻繁に行うのがおすすめ。
〝チリツモ方式〟で、
毎日少しずつ正しい方法でストレッチをすることで、
骨格や関節が正しいポジションに戻り、
ほどよく筋肉、ほどよく脂肪のあるボディラインに仕上がります。

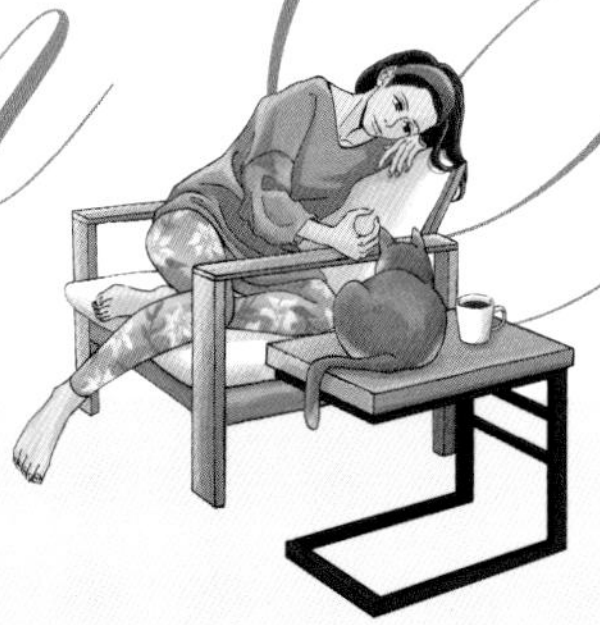

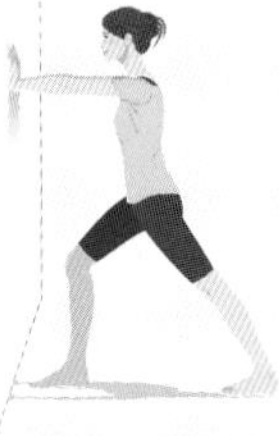

通勤電車

階段

オフィス

外出先でながらストレッチ

平日のお仕事の日はもちろん、買い物などに出かける日も、ストレッチはできます。移動や休憩タイムも無駄にせず、隙間時間で「ながらストレッチ」。毎日の習慣にするために、外出先も体に向き合う意識を持つことが大切です。

オフィスカジュアルにも
合う白いスニーカーで
通勤したい!!

プチ運動
できる時間

と思えば
通勤のモチベーションも
上がるかも…

スニーカーNGなら
低ヒールできちんと見える
フラットシューズでも☆

通勤電車で

Train

ながらストレッチ

電車やバスはポール横をキープ
背中をひねって伸ばしてストレッチ

通勤電車やバスなど、移動時間もストレッチ。せっかくの移動時間をスマホに費やしてはもったいない！ 長時間のデスクワークなどで姿勢が崩れて固まってしまった胸の筋肉を、ポールを使ってまっすぐ伸ばしてリフレッシュ。まわりの人たちに気づかれずにできておすすめです。

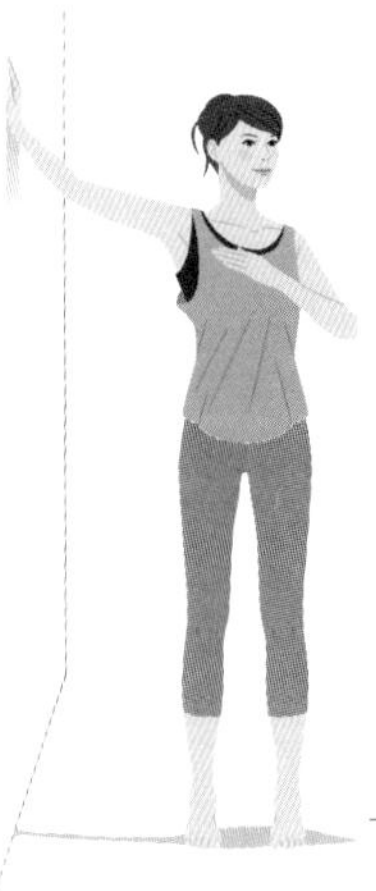

背中のストレッチ ①
→P36,37

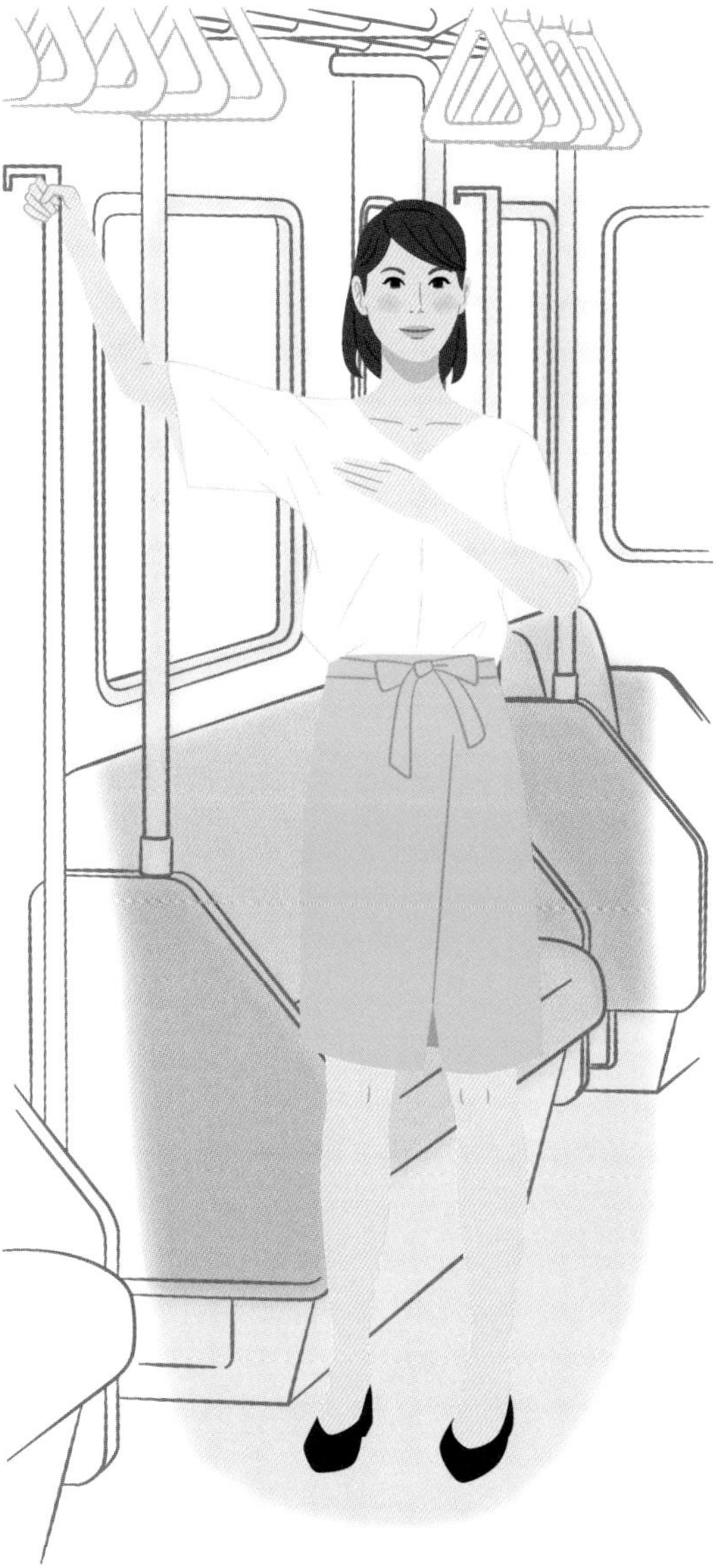

Point

姿勢が悪くて縮んでいる胸の筋肉をストレッチ

スマホに夢中になっていたり、バッグが重くて肩が内にねじれていたりすると硬くなる胸の筋肉。腕の付け根あたりが伸びていればOKです。

電車やバスに乗ったとき、ポールの横に立って右手でポールを軽く握ります。ひじは軽く曲げ､肩よりこぶし１個分高いところに。左手は右の胸の上に置きます。息を吸い、吐きながらポールと反対側に少し体をひねって 30 ～ 60 秒キープ。反対も同様に行います。

階段で Stairs ながらストレッチ

階段の段差を利用して お疲れのふくらはぎを伸ばす

エスカレーターを使いがちな駅中の移動はあえて階段を。足首でぐいぐい押し上げてのぼったり、ヒールの高い靴で不安定な姿勢のまま歩いたりすると、ふくらはぎが太くなってしまいます。階段を利用して、ふくらはぎをストレッチしながら張り感やむくみを解消しましょう。

ふくらはぎの
ストレッチ ②
→P98,99

Point

足首をまっすぐにして使いすぎのふくらはぎをしっかり伸ばす

階段などの段差を利用すると、ふくらはぎを伸ばしやすくなります。伸ばしている脚は、足首をまっすぐ前に向ける意識をしましょう。

片脚を階段にのせて、もう一方の足のかかとを落としてふくらはぎを 30 ～ 60 秒伸ばします。後ろ足の股関節、裏もも、膝、ふくらはぎ、かかとが一直線上になるように意識しましょう。

オフィスで Office ながらストレッチ

席を立つときやランチタイムを利用して こまめに裏ももの血流を改善！

長時間のデスクワークでイスに座ったままの姿勢が続くのも実は太ももが太くなる原因です。体重で圧迫された裏ももは、血流が悪くなって代謝が下がることで脂肪がつきやすくなっています。席を立つ前やお昼休みなど、こまめに太ももの裏を伸ばして血流をよくしましょう。

太ももの
ストレッチ②
→P88,89

Point

血流が滞って代謝が悪くなる裏ももをこまめに伸ばす

オフィスでの隙間時間に裏ももをこまめにストレッチ。伸ばした脚の股関節を骨盤に押し込むイメージで行うと歩きもスムーズに。

イスに座り、右膝を伸ばします。右膝に右手をのせて、股関節から体を折るようにして上体を倒し、裏ももを伸ばし 30 ～ 60 秒キープ。反対も同様に行います。

リビング　キッチン　お風呂　ベッド

おうちで ながらストレッチ

ウエアに着替えて、床にマットを敷いて……と気合いを入れてやるのもいいけれど、ながらストレッチを覚えれば、より習慣化できるのでおすすめ。家の中のいろいろな場所、あるいは家事の合間やテレビを見ながらトライして。

おうちウェアは ゆるトップス×柄レギンス が定番✧

ストレッチしやすいし
見た目もカワイイ (-ω-)

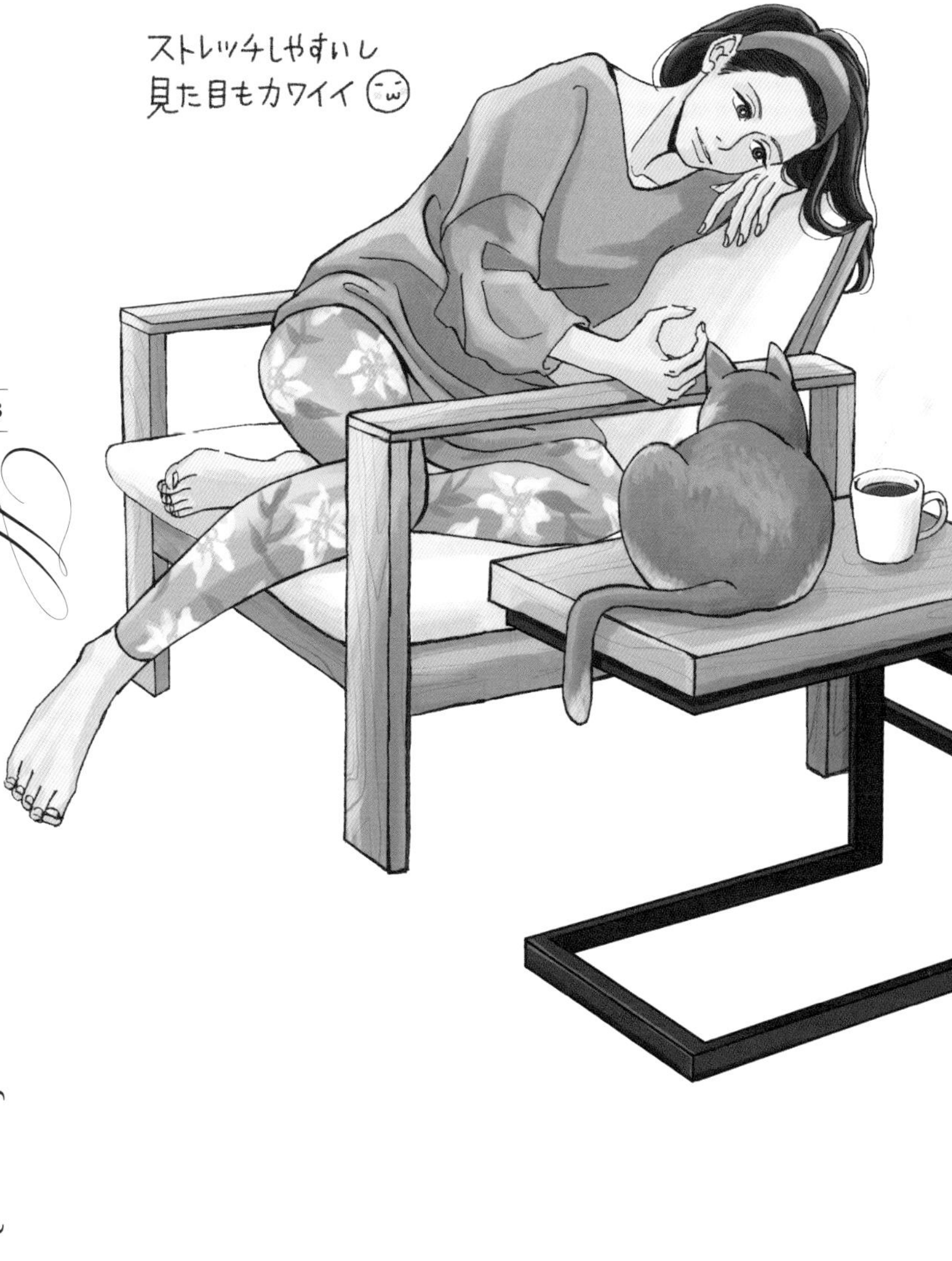

リビングで

Living

ながらストレッチ

イスに座りながらお尻を伸ばしつつ股関節を矯正

家事で立ちっぱなし、仕事で座りっぱなしなど、同じ姿勢が長時間続くことで股関節の動きが鈍くなります。ますますお尻の筋肉を使わない生活になる上に、自分の体の使い方のクセも強調されてしまいます。家事の合間や食後など、イスに座っているときにお尻の奥の筋肉を伸ばしましょう。

お尻のストレッチ ①
→P76,77

Point

股関節を外にねじってお尻の奥のほうを伸ばす

股関節を外にねじることで連動するお尻の奥のほうの筋肉を伸ばします。ふだん股関節が内に巻いている人は、股関節が正しい位置に戻りやすくなります。

イスに座って右足を左の膝を上に置き、腰が丸まらないように骨盤を立てます。右脚に両腕をのせて、体を少し前に倒しながら体重をかけて股関節を外に開いて 30 ～ 60 秒キープ。反対も同様に行います。

キッチンで

Kitchen

ながらストレッチ

家事の合間など空いた時間を見つけてマメなストレッチで小顔になる

顔のストレッチは手を使わずに口のまわりを動かすだけなので、家事の合間や隙間時間に手軽にできます。お皿を拭きながら、お肉が焼けるのを待ちながら、スキンケアの前後など、1日に何度も行って積み重ねることで、すっきりとしたフェイスラインが手に入ります。

顔の
ストレッチ ②
→P58,59

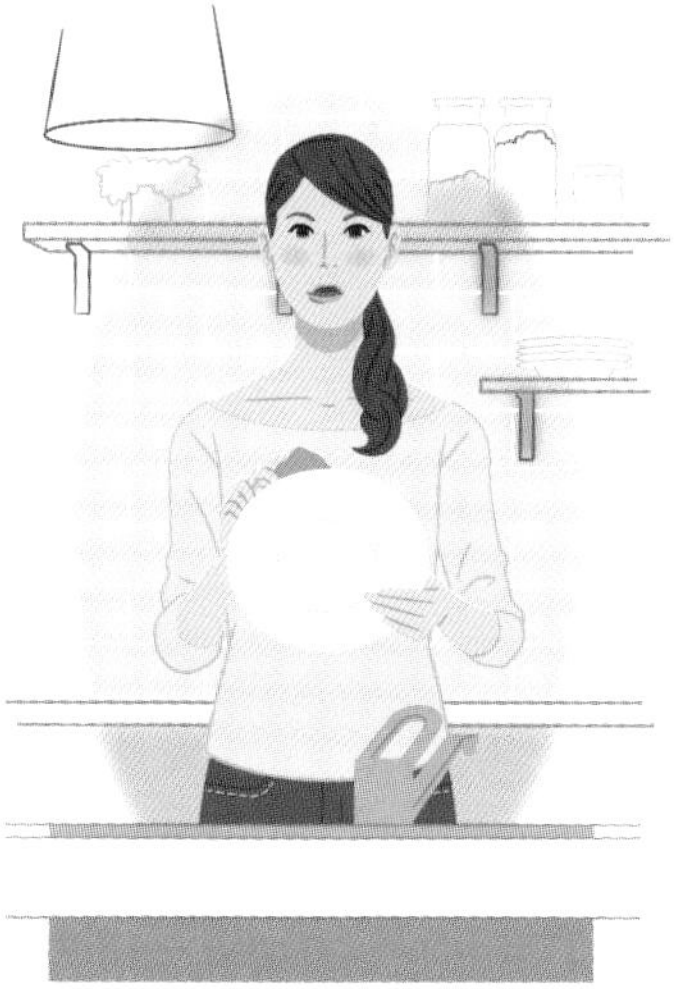

1

あごを左右に 10 往復します。1回ごとにあごの関節が動いているのを感じながら行いましょう。

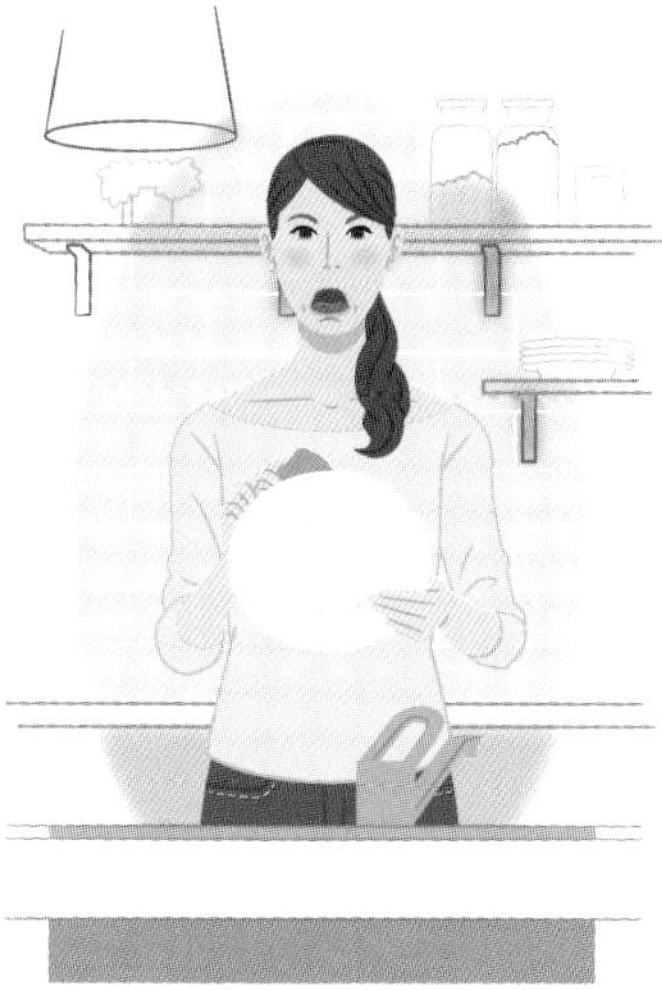

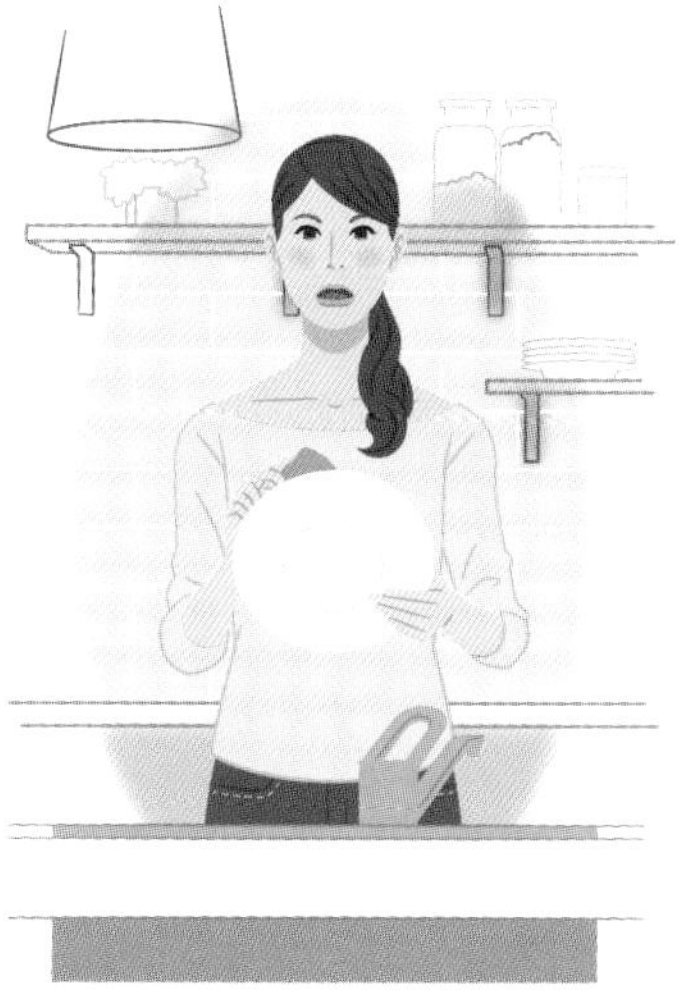

2

あごを前に突き出し、戻すというように、前後に 10 往復します。1 と同様にあごの関節が動いているのを感じましょう。

3

2 で行ったあごを前へスライドさせた状態から、口を開いて3秒キープします。

Point

頬の内側の筋肉をストレッチして口の開閉をスムーズに

咀嚼《そしゃく》の回数や会話が少ないことで動きにくくなる頬の内側の筋肉。ストレッチで動きやすくすると、顔まわりの血液やリンパの流れがよくなってむくみ解消に。

お風呂で

Bath room

ながらストレッチ

1日を終えるバスタイムで肩を正しい位置に戻して姿勢を整える

1日の疲れを癒やしてくれるバスタイムは、心も体もリフレッシュできる場所。筋肉も温まるので、ストレッチには最適です。気づけば1日中、肩が内に巻いて猫背気味で過ごしてしまって肩から背中にかけてが重い、凝ってつらいときは肩の関節を外にねじるストレッチが最適です。

二の腕のストレッチ①
→P46,47

1

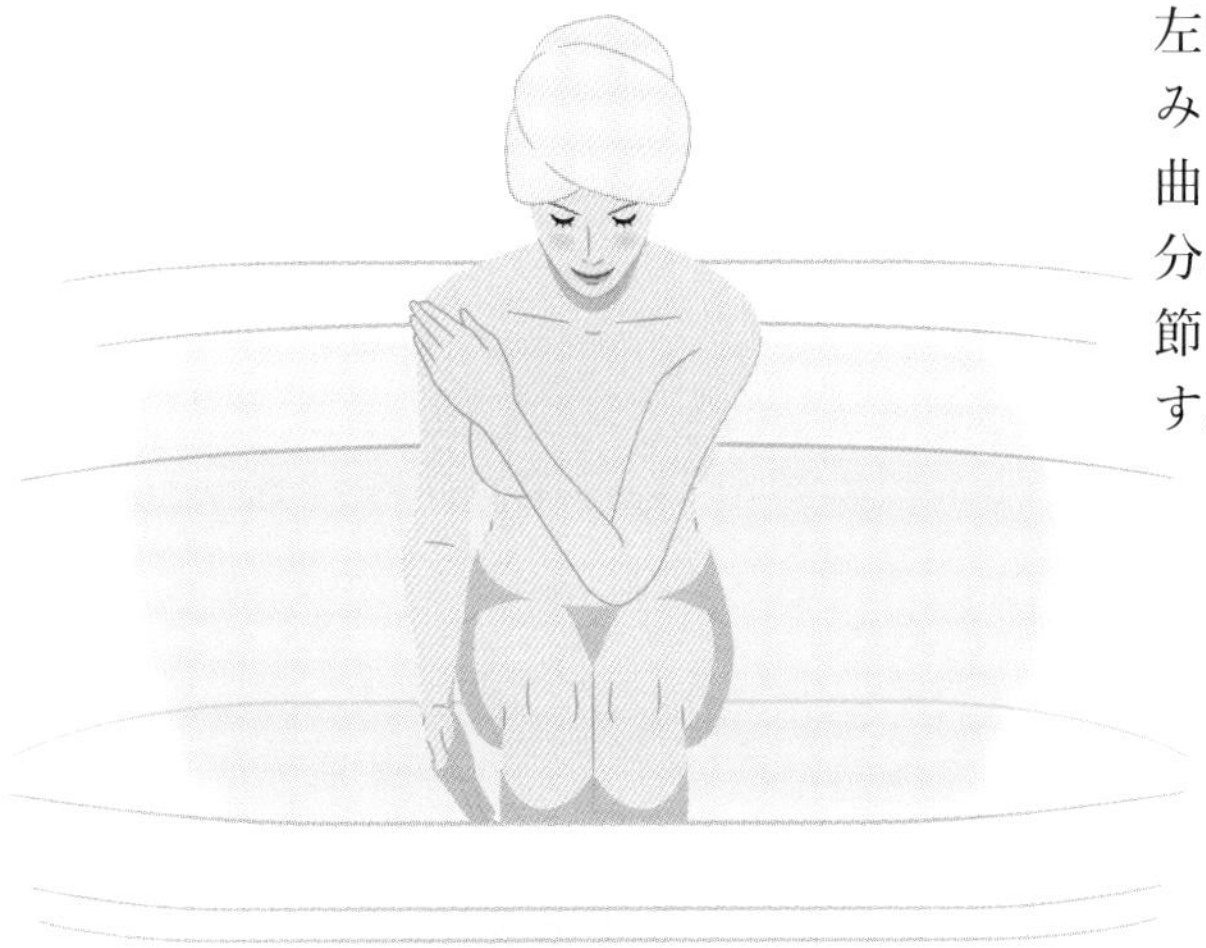

左手で右肩を横から掴みます。右ひじを軽く曲げて、手のひらを自分のほうに向けて肩関節を内側にねじります。

2

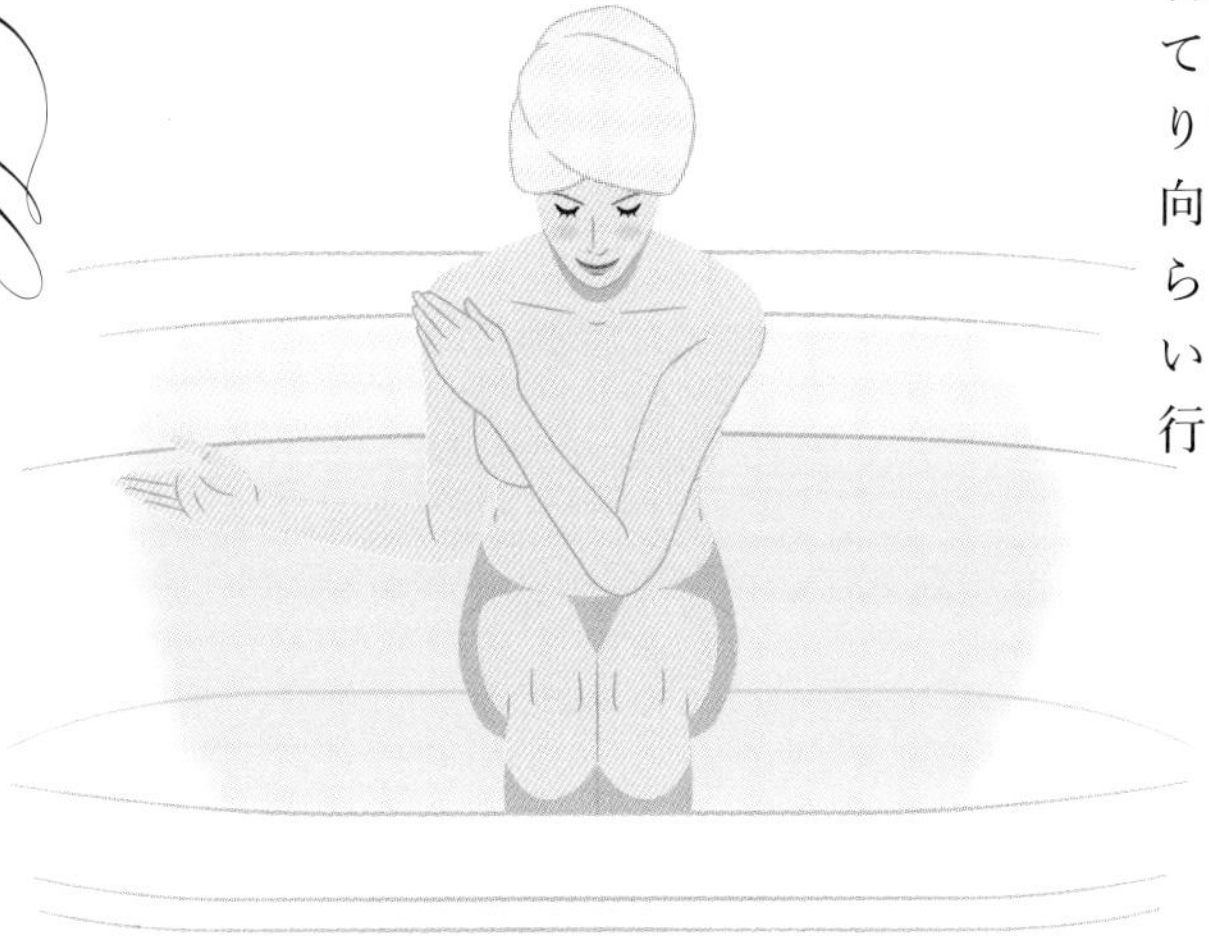

右肩と右ひじを軸にして、肩関節を外にねじりながら親指を外側に向けて2秒キープしたら1に戻すを10回行います。反対も同様に行います。

Point

前に丸まった肩関節をぐるっと後ろにもっていく

バスタブの水面を、手の甲を滑らせて肩関節を動かします。腕に体をくっつけて、肩関節がぐりぐり動くのを感じられたら正解。

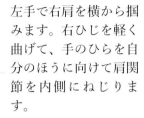

ベッドで

ながらストレッチ

1日の仕上げはベッドの上で腰の疲労もとれるくびれづくりを

姿勢が悪いことで背骨が縮んで、たるんでだぶついてしまう腰まわり。また反り腰の姿勢でも腰の筋肉はカチコチに縮んでしまいます。1日中自分の体重を支え続けて、負担が大きくて縮みがちな腰を、リセットしてから寝れば、翌日はすっきり、くびれやすい体に近づきます。

お腹の
ストレッチ①
→P66,67

Point

腰をねじりながら固まった筋肉を引っ張り合う

腰をねじることで、腰から背中にかけての縮んでたるんだ筋肉をしっかり伸ばすことができます。左膝が浮かないように注意。ただし腰痛の人は無理しないこと。

ベッドの上に仰向けになり、左の膝を 90 度に曲げて右脚とクロスさせて膝を右手で抑えます。左手は横に伸ばして肩をベッドに近づけ、腰を伸ばして深呼吸をしながら 30 ~ 60 秒キープ。反対も同様に行います。

もっと知りたい！

森式ボディメイクQ&A

Q 腹筋運動でお腹はへこみませんか？

A 残念ながら腹筋運動ではへこみません。カロリーコントロールが必要です。

ぽっこりとしたお腹の正体は、内臓脂肪や皮下脂肪の体脂肪、もしくは内臓下垂です。体脂肪は、摂取カロリーが消費カロリーを上回ることにより、活動で消費されなかったエネルギーが脂肪細胞に蓄えられたもの。これを減らすには、消費カロリーが摂取カロリーを上回るアンダーカロリーにする食事管理が必須です。また、内臓下垂は姿勢の悪さやそれを支える筋力の低下が原因なので、一般的な体を起こす腹筋運動では解消しません。腹筋運動の効果は、筋肉が発達してハリが出てリフトアップすること。筋肉の上にのっている脂肪とは別組織なので、腹筋運動をしても体脂肪は減りません。

Q 下腹ぽっこりを改善する方法は？

A 腹筋を使って正しく座る、立つができれば改善します。

体重のわりに、お腹が出ている人は内臓下垂の可能性大です。内臓下垂は、内臓を支える筋力を正しく使えていないことや筋力の低下が原因です。骨盤を正しい位置にして立ったり座ったりできれば、解消します。立ち姿勢で親指と人差し指で三角をつくって人差し指が恥骨にくるように下腹に置いたときに、指でつくった三角と床が垂直になるのが理想の骨盤の位置。そのためには恥骨からみぞおちを引き伸ばすように、お腹をへこますのではなく引き上げます。座るときは、太ももの付け根で座るようにしてお腹を引き上げます。腹筋を鍛えるというよりも、腹筋が使える姿勢を保つことのほうが下腹ぽっこりの解消になります。

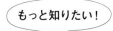

理想のボディラインに近づくためには、ストレッチ以外にも知りたいことが山のようにあるのではないでしょうか。そこでボディメイクに関する素朴な疑問を Q&A 方式でご紹介します。

Q バストアップする方法を知りたいです。

A 肋骨の下部を閉じて、首の反りをつくると上向きのバストになります。

年齢とともに下を向きかけたバストを上向きにするのは可能です。ポイントは肋骨を閉めることと首の反りをしっかりキープすること。肋骨の下部が広がってしまうとアンダーバストが広がってバストトップが離れて外に向いてしまいます。また姿勢が悪くて首が肩より前に出ていると、上半身も前に倒れてバストトップが下を向いてしまいます。肋骨を閉じるには P68 のお腹のストレッチ②を、首の反りをつくるには P60 の顔のストレッチ③が有効。ちなみにストレートネックで肩が動かしづらい、肩こりがしやすい人もこのストレッチが有効です。

Q 体が硬すぎてストレッチ自体ができません。

A 硬い部分をさするだけでも動きやすくなります。

体が硬くて伸ばそうとすると、その部分の筋肉が突っ張ったり、正しくストレッチをできなかったりします。そういうとき、無理は禁物です。筋肉が温まって柔らかくなる入浴後にストレッチをするのがおすすめです。もしくは硬くなっている関節や筋肉をさすったり、皮膚をつまんだりするだけでもいいでしょう。リンパ液の流れがよくなると同時に血流もよくなり、筋肉がほぐれて動きやすくなります。また筋肉の上に張り巡らされている筋膜のすべりがよくなることでも筋肉を動かしやすくなります。無理に硬い部分を伸ばしたり、ローラーでゴリゴリしたりすると筋肉を傷めてしまいます。

Q 最高のボディメイクを叶える食事のルールはありますか?

A カロリーの摂取量と消費量とたんぱく質、脂質、糖質の摂取の割合を把握することです。

ボディメイクと併せて体重管理を考えるなら、1日にどれくらいのカロリーを消費し、摂取しているか、その収支を把握することが大切です。体重を減らしたいのであれば、消費カロリーが摂取カロリーを上回ること。ただし食事制限だけでは難しいので、1日最低7000歩は歩くことをプラスしてベースの活動量を底上げしておくことが大切です。さらに、カロリーだけでなく、たんぱく質、脂質、糖質の3大栄養素をどういう割合で摂取しているかに目を向け、体脂肪を減らしつつも、代謝を落とさない体づくりを心がけることで、やせ体質になります。

❶ 1日の摂取カロリーは理想の体重×(30 〜 35)が目安

理想の体重を48 kgとすると、1日の摂取カロリーは1440 〜 1680kcalが目安です。朝食は300 〜 400kcal、昼夕食は各500 〜 700kcalが目安です。摂取カロリーは低ければ低いほどいいわけではありません。1200kcalなど基礎代謝量以下では、体重とともに筋肉量も減り、代謝が悪くリバウンドしやすくなります。

❷ たんぱく質、脂質、炭水化物をバランスよく取る

たんぱく質は15 〜 20%、脂質は20 〜 25%、糖質は50 〜 60%が1日の食事量の内訳の目標です。糖質を抜くと、たんぱく質を摂取しても代謝が狂ってエネルギーに変換できなくなります。また、たんぱく質の摂取量を補うために、プロテインを飲みすぎると、たんぱく質が過剰になり、むしろ代謝不良が起こりやすくなるので気をつけましょう。

Q 筋肉量の目安を教えてください。

A 体脂肪率とBMIがともに20のときの除脂肪体重の数字が目安です。

肥満度指数を表すBMI（体重kg ÷（身長m)^2）と、体脂肪率が20%のときの除脂肪体重を自分の身長で計算してみましょう。例えば身長160cmでBMI20の人の体重は、1.6 × 1.6 × 20で、51.2kgです。体脂肪率が20%だとすると、このときの体脂肪量は10.2kgで、除脂肪体重は51.2kg − 10.2kg ＝ 41kgとなります。もし53kgで体脂肪率26%の人がいたとしたら、除脂肪体重は39.2kgです。食事制限で体重を落とそうにも、十分な栄養がないと筋肉（除脂肪体重）まで落ちるため、除脂肪体重を増やしてからのほうが体脂肪率は下げやすくなります。

Q ボディメイクストレッチはいつまで続ければいいですか？

A 気になる部位のストレッチが無理なくできるまでです。

最初のステップとしては毎日行い、2週間続けることです。そうすることで、脳はその動きや関節の正しい位置をインプットします。しかし、普段の生活で姿勢が崩れればもとに戻ってしまうので、ゴールは無意識に正しい姿勢がとれるようになるまでです。長年かけて姿勢が崩れてしまっているのですぐには戻りません。上手に生活に組み込んで、根気よく続けることが大切です。ただし1日に何回も行えば早く理想のボディメイクができるというわけではありません。多く行ったとしても朝夜で2回。ストレッチをしすぎて無理することで筋肉を傷めることにもつながるので注意が必要です。

Epilogue

私は、パーソナルトレーナーとして多くの方のダイエット指導の中で、食事改善や筋トレなどでの筋力アップのお手伝いをしてきました。おそらく、ほとんどの人のパーソナルトレーナーのイメージは、ダイエットのお手伝いをする人だと認識されていると思います。

特に女性のクライアントが多い私は、その中で「ムキムキになりたくない」「以前、筋トレをしたらムキムキになってしまって怖い」という意見をよく聞きます。こういう声を聞いて、トレーナーは「女性は男性よりも筋肉をつけるホルモンが少ないから、簡単にはムキムキにはならないから大丈夫」と答えることが多いのですが、果たして本当にそうでしょうか？

女性は男性に比べて筋肉がつきづらいということは事実なのですが、実際のところ、トレーニングをすればしたなりに効果は当然でます。何より、女性はちょっと肩まわりや太ももまわりの筋肉が張っただけでも「ムキムキ」になったと気にするものです。それくらいの変化でも着る服のラインが変わったりもするし、そもそも細くなりたいのに、太くしたくない筋肉が張ることさえ嫌というのはもっともな意見でしょう。

これは筋トレを否定したいのではありません。まず、目的に沿って何をすべきかを考えることが重要だということを伝えたいのです。今回、私はボディメイクストレッチとして、負荷が非常に少ないストレッチを皆さんにお伝えしました。ストレッチでは正直カロリーも消費しないし、筋肉がみるみる増えて代謝がアップすることもありません。ダイエットからすると一見効率が悪くも感じます。

しかし、女性が気にするボディラインである、背中のシルエットやウエストのくびれ、真っ直ぐでむくみのない脚などは、このストレッチでかなり改善することができます。例えば、脂肪を減らすなら食事改善が必要ですし、筋肉をつけてヒップアップをするなら筋トレは最重要です。フォームさえしっかりできていれば、姿勢の改善などは筋トレでも十分可能なのですが、このフォームをつくることが一般的には難しいのです。

筋トレは正しいフォームで行うことが難しいばかりか、始めるための敷居が高いと感じる人も少なくありません。このボディメイクストレッチは、多くの人が「ながら」でも気軽に行えるストレッチを目指しました。ストレッチだけでも体は劇的に変化をします。その効果的なボディメイクストレッチをぜひ今後も日常生活に取り入れていただきたいと思います。

森 拓郎

森 拓郎（もり・たくろう）

フィットネストレーナー、ピラティス指導者、整体師、美容矯正師。

大手フィットネスクラブを経て、2009年、自身のスタジオ『rinato』（加圧トレーニング＆ピラティス）を東京・恵比寿にオープンし、ボディメイクやダイエットを指導。足元から顔までを美しくするボディワーカーとして、運動の枠だけにとらわれないさまざまな角度からボディメイクを提案する運動指導者として活躍し、ファッションモデルや女優などの著名人のクライアントも多く、その指導に定評がある。テレビ、雑誌など多くのメディアで注目されている。

著書に『運動指導者が断言！ダイエットは運動1割、食事9割』（ディスカヴァー・トゥエンティワン）、『30日でスキニーデニムの似合う私になる』（ワニブックス）などがある。

ボディメイクストレッチ

理想の体を手に入れればどんな服も着こなせる

2020年7月26日　初版第1刷発行

著　者　森 拓郎
発行者　小川 淳
発行所　SBクリエイティブ株式会社
〒106-0032 東京都港区六本木2-4-5
電話 03-5549-1201（営業部）

装　丁　加藤京子・我妻美幸（sidekick）
イラスト　ashimai（表紙、扉イメージ）、内山弘隆
編集協力　峯澤美絵
校　正　鳥田 寛
編集担当　小澤由利子
印刷製本　中央精版印刷株式会社

本書をお読みになったご意見・ご感想を下記URL、QRコードよりお寄せください。
☞ https://isbn2.sbcr.jp/05575/

落丁本、乱丁本は小社営業部にてお取り替えいたします。

定価はカバーに記載されています。

本書の内容に関するご質問等は、小社学芸書籍編集部まで書面にてお願いいたします。